KB115084

교실 속 숨은 보물찾기

교실 속 숨은 보물찾기

발행일	2022년 2월 22일

지은이	윤상보		
펴낸이	손형국		
펴낸곳	(주)북랩		
편집인	선일영	편집	정두철, 배진용, 김현아, 박준, 장하영
디자인	이현수, 김민하, 허지혜, 안유경	제작	박기성, 황동현, 구성우, 권태련
마케팅	김회란, 박진관		
출판등록	2004. 12. 1(제2012-000051호)		
주소	서울특별시 금천구 가산디지털 1로 168, 우림라이온스밸리 B동 B113~114호, C동 B101호		
홈페이지	www.book.co.kr		
전화번호	(02)2026-5777	팩스	(02)2026-5747

ISBN	979-11-6836-185-0 03370 (종이책)	979-11-6836-186-7 05370 (전자책)

이 책의 저자 수익금은 지역 아동들을 위해 쓰여집니다.

(주)북랩 성공출판의 파트너

북랩 홈페이지와 패밀리 사이트에서 다양한 출판 솔루션을 만나 보세요!

홈페이지 book.co.kr   •   **블로그** blog.naver.com/essaybook   •   **출판문의** book@book.co.kr

---

작가 연락처 문의 ▸ ask.book.co.kr

작가 연락처는 개인정보이므로 북랩에서 알려드릴 수 없습니다.

교실 속
보물
찾기

윤상보
지음

북랩 book Lab

이 책의 첫 시작은, 한 선생님의 '칭찬 문자 보내기' 교육 활동 실천 사례를 접하면서부터였습니다.

'하루 한 통 정도면 부담 없이 할 수 있지 않을까? 우리 반 아이들은 5명이니까 월화수목금. 하루에 한 명씩 딱 좋네!'

아이들의 학교생활 모습을 가정과 공유하고자, 하루에 한 명씩 아이의 칭찬할 점을 찾아 부모님께 칭찬 문자를 보내드렸습니다.

처음엔 교사로서 뭔가 잘하고 있다는 뿌듯함과 자신감이 넘쳤습니다. 굳이 자세히 바라보지 않더라도 아이들의 칭찬할 점이 쉽게 눈에 잘 보였습니다.

하지만 몇 주가 지나자 교사로서의 제 밑천은 금방 드러나기 시작하였습니다. 몇 가지의 칭찬할 점을 찾고 나니 제게 보이는 것은 그저 아이들의 미성숙하고, 부족한 점들뿐이었습니다. 칭찬할 점을 찾기 힘들어지니 칭찬 문자를 보내는 것이 더욱 피곤하고 귀찮아지기만 했습니다.

'난 그동안 교실에서 얼마나 아이들에게 애정을 가지고 관심하였을까?'

돌이켜보니 전 언제나 아이들에게 애정 어린 '관심'으로 교육하는 선생님이라기보다는 냉정한 잣대로 '간섭'을 하며 지도하는 교관의 모습에 가까웠습니다.

이런 저의 모습이 더 이상 부끄럽지 않게 '하루에 딱! 한 명만이라도 애정을 갖고 관심하자! 아무리 사소한 말 한마디, 행동 하나라도 유심히 관찰하며 아이의 빛나는 점들을 꼭 찾아 표현해 보자!' 스스로 다짐과 약속을 했습니다.

수업을 해도, 업무를 보고 있어도, 잠시 쉬고 있어도 그날 하루 시간을 모조리 딱! 한 아이에게 쏟아부었습니다. 근무 시간 내내 바라보아도 칭찬할 점이 딱히 보이지 않으면 퇴근 후에도 집에 가서 그 아이의 모습을 떠올리고 또 떠올려보았습니다. 그러다 보면 어느새 늦은 저녁 시간이 되어 부모님께 보낸 칭찬 문자도 참 많았습니다.

이렇게 또 몇 주가 지나가고 나니 아이의 긍정적인 면을 바라보는 저의 안목은 급속도로 달라지기 시작했습니다. 억지로 눈에 힘을 주지 않아도, 어색하게 귀를 쫑긋 세우지 않아도 그날 아이의 일상에 좀 더 자연스레 함께하게 되었고, 어느새 아이의 빛나는 모습들이 하나둘씩 '반짝!'거리며 눈으로, 귀로 찾아지기 시작했습니다. 마치 '보물찾기' 하는 어린아이처럼 하루하루가 너무 신나고 즐거웠습니다. 잠들기 전엔 '내일 ○○이의 숨은 보물은 무엇이 있을까?' 설레고 궁금했습니다.

이렇게 '교실 속 숨은 보물찾기' 교육 활동을 스스로 실컷 즐기며 생활하다 보니 학생을 바라보는 시야가 점점 넓어지고, 교육을 바라보는 관점도 한층 더 깊어지는 것을 느꼈습니다. 한 명에게만 가 있던 관심이 반 아이들, 학교 아이들까지 대상의 범위가 넓어지고 있었고, 교사의 일방적 방식이 아닌 정말 그들만의 방식으로 교실 속에서 한 뼘 한 뼘씩 성장하는 과정이 조금씩 눈에 보이기 시작했습니다. 어느새 '교실 속 숨은 보물찾기' 활동은 즐거움을 넘어서 벅찬 감동이 되어가고 있었습니다.

이렇게 저는 일 년의 시간 동안 아이들의 곁에서 항상 '관심'하려 노력하였고, 아이의 일상을 구체적으로 '관찰'하며, 이를 통해 찾아낸 아이의 보물과도 같은 모습들을 제 나름의 교육적인 '관점'으로 바라봄으로써 아이들, 그리고 그의 가족들과 좀 더 긍정적인 '관계'를 만들어 나갈 수 있었습니다.

또한, 행복한 삶을 향한 교육의 시작점은 '아이의 부족한 점을 보완하여 장점으로 만들어내는 것부터'가 아니라 '원래 가지고 있었던 아이의 수많은 장점을 다 같이 함께 맘껏! 찾아보고, 모두가 한껏! 기뻐하는 것으로부터'라는 생각과 믿음을 이번 교육 활동의 실천을 통해 더욱 공고히 하게 되었습니다. 이렇게 날이 갈수록 교사로서의 정체성과 학급 경영의 방향성이 뚜렷해지며, 앞으로 맡게 될 우리 학급 아이들과의 만남과 저의 교직 생활이 기대되었습니다.

그러던 중 어느 날, 존경하는 한 선배 교사와의 대화를 통해 제가 크게 놓친 부분을 깨닫게 되었습니다. 저 혼자만의 배움과 경험을 넘어선 사회 문화와 풍토 조성에 대한 저의 책무성을 돌아보게 되었습니다.

'내가 실천하고 있는 교육 방법의 유의미함을 동료 교사들과 함께 나누고, 이를 다른 교실, 다른 학교로 확산시킬 수 있다면 더욱 가치 있지 않을까?'

'작은 부분까지도 주변 사람들에게 관심하고 존중하며, 진실한 마음

　교실 속 숨은 보물찾기

과 밝은 표현으로 옆에 머물러 함께한다면 세상은 참 따뜻하고 행복해지지 않을까?'

아이 한 명에게 오롯이! 관심했던 첫 그날을 되돌아보며 저는 다시 용기를 내었습니다. 바로 저의 일 년간의 교육 활동 기록을 책으로 엮어보는 것이었습니다.

자그마한 산골학교 우리 반 5명의 학생에서 10명의 학부모로, 또 그의 가족으로, 또 옆의 학교로, 더 나아가 지역사회와 나라로 이어지며 제가 느낀 행복의 순간들이 많은 사람에게 확대되는 기분 좋은 상상을 해 보며 저는 올해 마지막 겨울방학까지도 모조리 이 책을 위해 쏟아부었습니다.

'마음을 열어 대상에 '관심'하고, 대상을 자세히 '관찰'하며, 이를 통해 주어진 맥락과 '관점'으로 마음 다해 표현함으로써 서로의 행복에 도움이 되는 '관계'를 만들어가는 것!'

언뜻 말로는 쉬워 보였지만 참으로 쉽지 않은 것이었습니다. 무엇보다 가치 있는 일이라 생각하며 억지로라도 의지 내어 연습하고, 되돌아보고, 또다시 시도하는 과정을 통해 우리는 조금씩 조금씩 함께 성장할 수 있었습니다.

이 책의 구성은 크게 세 부분으로 되어 있습니다. 일 년 동안 다섯 명의 아이를 바라보며 부모님들께 보내드린 '칭찬 문자', 문자를 보내드리고 나서 한 번 더 되돌아본 저의 '성찰 일지', 마지막으로 그때 상황과 모습을 생생히 남겨 두고 싶어 찍어놓은 '아이들의 사진'입니다. 책 속의 아이 하나하나를 독자 여러분이 사랑하고 싶은 한 대상이라 생각하고 읽어보시면 좀 더 의미 있는 시간이 되지 않을까 생각합니다.

관계하는 많은 상황 속에서 방향을 잃고 힘들어하는 모든 분께 이 책이 조금이나마 위로가 되고 도움이 되시길 간절히 바랍니다.

이 책이 나오기까지 도움을 주신 많은 분이 있습니다. 제가 우리 반 아이들을 사랑으로 관심할 수 있었던 것은 저를 그렇게 바라보고 저의 숨은 보물을 찾아주셨던 스승님이 계셨기에 가능한 것이었습니다. 그리고 저의 보물이 되어 교실 속에서 함께 지낸 다섯 명의 아이들, 부담스럽게 길고 긴 칭찬 문자를 매주 접하면서도 감사와 응원을 아끼지 않으신 열 분의 학부모님들, 같은 동료 선생님이자 남편의 삶을 오롯이 응원해주고 한없이 지원해주는 사랑하는 저의 아내 김인화 님에게 감사의 마음을 전합니다.

감사합니다. 사랑합니다.

2022년 2월 22일

교사 윤상보 드림

학부모 칭찬 코멘트

처음 칭찬 문자를 주신다고 하셨을 때 반신반의했습니다. 과연 우리 애가 어떤 칭찬을 받을지 기대가 컸으므로.

한 주 한 주 칭찬 문자를 받고 다음 한 주가 기다려졌습니다. 내가 알 수 없었던 아이의 성향과 선생님과 부모 간의 바라보는 관점이 많이 다르다는 걸 칭찬 글을 통해 알수 있었고, 아이에 대해 많이 배우는 시간이었던 것 같습니다.

칭찬 글로 인해 아이의 학교생활이 한눈에 그려지는 듯했습니다. 바쁘신 와중에도 아이 한 명 한 명 관찰하시고 좋은 이야기 들려주셔서 이 자리를 빌려 감사드린다는 말씀 꼭 전하고 싶습니다.

앞으로도 올곧고 아이의 눈에서 바라보면서 생각하시는 듬직한 선생님으로 남아주시길 바랍니다. 일 년 동안 함께여서 참 감사하고 고마웠습니다.

'우준 엄마' 표인정님

밉게 보면 잡초 아닌 풀이 없고
곱게 보면 꽃 아닌 사람이 없으되
내가 잡초 되기 싫으니
그대를 꽃으로 볼 일이로다

시인 이채 님의
[마음이 아름다우니 세상이 아름다워라] 中

매번 보내 주시는 칭찬 문자에
제가 느끼는 마음이었어요.
어쩜 그리도 세심하게 잘 관찰하시는지요.

딸이지만 저도 미처 알지 못했던 것을 새로이 알게 되었어요.
집에서보다 학교에서 보내는 시간이 훨씬 많다 보니 궁금했던 아이에 관한 이야기들
을 재미나게 읽었습니다.

무엇보다 아이들을 세심하게 살펴주시고 칭찬해주시는 선생님의 따뜻한 시선에 감
사드립니다.
곱게 보시는 그 시선이 아이들을 꽃으로 만들어 주셨어요.

학창 시절에 만난 선생님 한 분의 영향이 큰 터닝 포인트가 되기도 하지요.
다소 의기소침해 동굴 속에 있던 다인이의 잠재력을 밖으로 이끌어내 주신 윤상보
선생님께 정말 감사드립니다.

누구보다 멋지고 신나고 추억 많은 6학년을 보낼 수 있게 해주셨어요.

또 다른 많은 학생을 잡초가 아닌 꽃으로 바라봐 주시는 그 따뜻한 시선을 오래도록
간직하셨으면 합니다.

건강하세요~^^♡

'다인 엄마' 백미현님

교실 속 보물 찾기

contents

PART **5** 두나의 숨은 보물찾기!

6

하연이의
숨은 보물찾기!

◆ 01 적응하며 좋아지고 있어요

학기 초 선생님에게 낯을 가리고, 수업 활동 시 소극적인 부분이 많았으나 조금씩 적응하며 적극성이 좋아지고 있음. 주말 과제(일기, 집안일)도 놓치지 않고 성실히 실천함.

🌑 '표현의 온도'

'하루 한 명씩 칭찬 문자 보내기 활동'의 첫 시작 글은 학생생활기록부 행동특성 의견란의 문장 기록법과 그대로 닮아 있었습니다. 참 아쉬웠습니다.

'무엇 때문에 아쉬운 것일까요?'

바로 '표현의 온도' 부족이란 생각이 들었습니다. 총체적이면서도 단순명료하게 쓰여 있는 몇 줄의 문장. 객관성을 나타낼 수 있는 합리적·효율적 표현 기법일 수는 있으나 정작 아이를 바라보는 선생님의 마음은 문장 속에 스며 있지 않아 아쉬웠던 것 같습니다.

그래서 저는 평소 아이들을 바라볼 때 좀 더 구체적인 일상의 모습을 유심히 살펴보고, 그 속에 숨어 있는 아이의 장점을 찾아 마음을 담아 표현하기 시작하였습니다. 아이의 일상을 실감 나게 묘사하기 위하여 좀 더 이야기 형식으로 표현하고, 딱딱한 문어체 형식보다는 말씀을 건네는 구어체 형태의 문장 기술로 표현을 바꾸어 나가기 시작하였습니다. 그랬더니 제가 건네 드리는 글에 조금이나마 마음이 느껴지고 점점 더 생기와 활기가 느껴져 참 좋았답니다.

교실 속 숨은 보물찾기

✦ 02 부족한 부분보다 '잘하는 점'에 힘을 실어주는 아이들

국어와 수학 시간은 다른 교과 시간에 비해 왜 이렇게 많은 것일까요? 국어와 수학 시간. 하연이가 학습 진도를 따라오는 걸 버거워하는 시간입니다. 이때 저는 딜레마에 빠지게 됩니다. 하연이의 학습활동 시간을 맞춰 따라가다 보면 나머지 아이들이 기다리는 시간이 많아지고, 나머지 아이들의 속도로 수업을 진행하다 보면 하연이가 배우는 내용의 양과 질이 떨어지는 딜레마 말이죠. 이 모든 것은 일단 담임인 저의 개별화된 지도 능력의 부족함에서 오는 것이라는 것을 먼저 반성하게 됩니다. 또한, 전반적으로 학습에 대해 소극적이고, 방어적인 태도가 자주 보이지만 저는 다그치지 않고 하연이가 평소 느낄 마음에 머무르려 노력합니다.

'얼마나 학교에 오는 것이 싫을까. 얼마나 국어, 수학 수업이 답답하고 지루할까.'

그래도 참 다행인 것은 아이들과 하연이와의 관계입니다. 서로 격의 없이 친하게 지내고, 항상 무엇이든 함께하는 아이들을 통해 제가 도리어 배우게 됩니다. 아이들이 그러더라고요.

"하연이는 손으로 하는 건 진짜 잘해요!"

하연이의 부족한 부분보다는 잘하는 점에 힘을 실어주는 아이들의 모습을 통해 서로가 느끼는 애정과 관심도가 높다는 점에 참 감동입니다.

아이들의 마음처럼 다시 하연이를 바라봅니다. 하연이는 성실합니다. 규칙도 참 잘 지키고요. 본인이 잘하는 것이 무엇인지 알고 있는 똑똑한 친구입니다. 진로적성검사 결과에서 알 수 있듯이 하연이는 본인의 적성을 잘 알고 있는 아이입니다.

우리 하연이가 학교에 오는 것이 즐겁고 유익할 수 있도록 노력하겠습니다. 부모님께서도 많은 칭찬과 격려 부탁드려요.

늦은 시간 메시지 보내드리는 점 죄송합니다. 안녕히 주무세요.

교실 속 숨은 보물찾기

🖋 '인식의 전환'

"제가 교사가 된 이유는 무엇일까요? 국가에서 저를 교사로 채용한 이유는 무엇일까요?"

전 지금까지 너무나도 자연스럽게 선생님의 역할은 학생들의 잘하지 못하는 부분을 교정시키고 가르치는 것으로 생각해왔습니다. 다시 말하면 미성숙한 아이들을 어른들과 기성 사회의 기대 수준으로 끌어 올려주는 것이 저의 역할이라 생각했지요.

그래서 전 칭찬 문자를 보내는 이 순간마저도 아이의 잘하는 점보다는 부족한 점을 훨씬 먼저 찾아내고 마치 시험 문제를 풀어내듯 그에 대한 해결 방법만을 고민하고 있었다는 사실입니다. 또한, 지혜롭게 해결하지 못하는 부족한 저의 능력과 자세를 아쉬워하면서까지 말이죠.

아이의 성장과 행복은 부족한 부분을 찾아내어 고치는 것에서부터 시작되지 않는다는 것을 이번 사례를 통해 더 깊이 있게 깨닫게 됩니다.

'본래 태어날 때부터 가지고 있었던 아이의 좋은 모습들', '살면서 자신의 노력을 통하여 잘하게 된 모습들'을 옆에서 칭찬해주고 격려해줌으로써 아이 스스로 자신의 존재가치를 긍정적으로 느끼게 하는 것. 그것이 바로 교사로서의 가장 큰 역할이자 교실에서 가장 먼저 임해야 할 자세임을 우리 반 아이들을 통해 배웁니다.

자기 자신과 주변 사람들의 모습을 귀하게 여기고, 아끼며, 존중하는 마음을 다져나가는 것이 바로 긍정적인 성장의 시작점이 되고, 선한 영향력의 토대가 된다는 것을 배우는 시간입니다. 아이들뿐만 아니라 교사인 저 스스로에게도 말이죠.

부족한 점보다 잘하는 점을 먼저 충분히 찾아 아이들에게, 또 가정에 구체적으로 보여주어야 합니다. 씨앗이 기름진 토양 위에 싹이 잘 나듯 아이들의 무궁무진한 잠재력은 주변 사람들의 구체적인 칭찬, 따뜻한 격려의 표현 위에서 성장할 것이기 때문입니다.

✦ 03　하연이가 찾은 자신의 보물 1호는?

　　　　비가 오는 월요일. 아이들이 확실히 가라앉은 느낌이 나는 하루입니다. 오늘 도덕 시간에 자신의 장점 50가지를 적어 발표하는 시간을 가졌어요. 하연이가 쓴 하연이의 장점 1번은 무엇이었을까요?

　바로 '철봉 매달리기를 잘한다.'였습니다.

　작년에 학교에서 추진한 경남 온라인 스포츠클럽대회 철봉 매달리기 종목에 하연이가 참가해 경남에서 2위의 기록을 세웠는데, 이때의 기억이 강렬하게 남아있나 봅니다.
　확실히 하연이는 자신이 잘하는 것이 무엇인지 잘 알고, 또 잘 아는 만큼 더 잘하려는 의지도 높아요. 잘하는 것을 찾아 칭찬해주고 격려해준다면 더욱 적극적으로 활동에 임할 것임을 확신하는 시간이었습니다.
　오늘도 하연이를 바라보며 조급해하지 말고. 좀 더 관심하고, 응원하자. 다짐하는 하루였답니다.
　예쁜 하연이와 빙그레 웃는 즐거운 한 주 되세요~!

　　　　　　　　　　　　　　　　　　교실 속 숨은 보물찾기

📝 '철봉 매달리기를 잘한다. 왜?'

하연이의 장점 1번은 저에게 큰 가르침을 줍니다. 하연이 입장에서 이것이 장점 1번이 된 이유는 대회에 참가하여 좋은 성적을 거두었기 때문일 것입니다.

하지만 철봉 매달리기를 잘하게 된 근본적인 이유는 따로 있을 것입니다. 부모님께서 물려주신 튼튼한 신체도 있을 것이고, 어렸을 때부터 학교 운동장의 철봉에 매달리며 자주 놀았기 때문일 수도 있습니다. 힘든 상황을 견디어 내는 끈기와 인내심도 이유가 될 것입니다.

대회 성적의 결과가 원인이 되어 자신의 장점이 되는 것이 아니라 철봉 매달리기를 잘하게 된 이유를 아이와 함께 좀 더 면밀히 살펴본다면 그 과정에서 파생된 또 다른 나의 장점들(튼튼한 신체, 평소의 취향, 끈기와 인내심 등)이 확산되어 비추어질 것이고, 더욱 더 자신의 모습에 긍정적인 생각을 쌓아가게 될 것입니다.

원석을 다듬고 다듬어야 빛나는 보석이 되듯이 '자신의 장점에 대하여 그 이유를 한 번 더 생각해 보도록 하는 것!' 학생과 교사에게 매우 중요한 교육 활동임을 느끼는 시간입니다.

✦ 04 마음만 먹으면 확실하게 해내는 하연이

　　　　주말엔 미세먼지도 많고 무척 쌀쌀하던데 언제 그랬냐는 듯 화창한 월요일입니다.

　　오늘 하연이 헤어스타일이 달라졌더라고요. 친하게 지내는 ○○이가 탈색해서 따라 한 건가 싶기도 하고 말이죠. 오늘 하연이 수업 성실히 하고, 별 탈 없이 무사히 학교 생활했어요.

　　우리 하연이는 스스로 의지 내어 시작하는 모든 것에 정성스러움과 꼼꼼함이 들어있어요. 글씨를 하나 써도 정말 바르고 예쁘게, 수학 문제 하나를 풀어도 정확하게 틀을 맞춰서 해나간답니다.

　　기다려주면 대부분 충분히 할 수 있는 것인데 말이죠. 실제로 하연이 속도에 최대한 맞추려고 노력은 하는데 다른 네 명의 아이들을 계속 기다리게 할 순 없으니 어쩔 수 없이 하연이를 기다리지 못하는 상황이 생기기도 한답니다.

　　여기서 제가 기대하는 아주 중요한 점은 하연이가 마음을 먹으면 충분히! 확실하게! 할 수 있다는 사실입니다. 하연이가 마음을 먹을 때까지 믿고 기다려주는 것이 참 중요하단 생각이 듭니다.

　　선생님으로서 하루하루 하연이를 잘 관찰하고, 하연이 마음 잘 안아주며 생활하도록 하겠습니다.

　　즐거운 저녁 시간 보내세요!

● '가장 먼저 해야 할 일은 믿고 기다려주는 것이다.'

하연이가 하나의 과제에 담아내는 정성과 꼼꼼함은 정말 대단합니다. 그러니 시작했다 하면 반드시 확실한 결과를 이끌어 내지요.

저는 종종 학급에서 이런 성향의 아이들을 만나게 됩니다. 빨리빨리 효율을 강조하는 우리나라 사회 경향 속에서 이들은 바로 숨은 피해자일 것입니다.

아이가 의지 내어 나아가는 길의 방향이 점점 더 긍정적이고, 발전적이라고 판단되면 가장 먼저 해야 할 일은 '모두가 같은 속도로 걸을 수 있도록 재촉하는 것'이 아니라 '아이가 의지 낸 걸음 속도의 의미를 헤아리고 묵묵히 곁에서 믿고 기다려 주는 것'이란 생각이 듭니다.

저는 꼭! 올해 조급해하지 않고 우리 하연이를 믿고 기다려 보려 합니다.

✦ 05　가장 중요한 것은 '관계'!

　　　　하연이 오늘 수업 시간에 힘없이 살짝 처진 느낌이 있었지만 전체적으로 무난한 하루를 보낸 것 같아요.

　저와 첫 만남 때는 낯을 많이 가려서 대답도 잘 안 하고 부끄러워하는 것이 많았는데, 오늘은 글도 큰 소리로 잘 읽고, 발표도 주저함 없이 씩씩하게 잘하였답니다.

　하연이의 적극성이 증명해 주듯이 하연이와 저와의 관계가 점점 잘 쌓여가고 있단 생각이 들며, 더욱 하연이와 따뜻한 유대관계를 형성할 수 있도록 잘 생활하겠습니다.

　이번 한 주도 행복하세요!

💿 '걸어 잠근 빗장을 풀고, 서로의 마음을 잇다.'

처음 저를 담임으로 만났을 때 하연이는 소극적이고 방어적이었습니다. 아마 하연이가 생각했을 때 저와 함께하는 교실 환경이 심리적으로 안전하지 않다고 판단했기 때문일 것입니다.

그러던 하연이가 어느새 달라져 갑니다. 점점 더 수업에 적극적이고 저에게 호의적으로 말이죠. 제가 품은 마음이 하연이에게 잘 전달되는 듯하여 너무나도 뿌듯하고 좋습니다.

'관계'라는 말은 '關(빗장 관)', '係(이을 계)'란 한자를 씁니다.

"굳이 '걸어 잠근다.'라는 뜻의 '關(빗장 관)'을 왜 썼을까요?"

사람과 사람과의 관계는 노력 없이 쉬이 맺어지는 것이 아니라 마치 걸어 잠근 빗장을 풀어내는 것처럼 나름의 부단한 노력이 반드시 필요하기에 '關(빗장 관)'을 쓰는 것이 아닐까 생각해봅니다.

잣대나 편견에서 벗어나 상대방을 이해하는 마음으로 자신의 빗장을 먼저 풀고, 서로의 마음을 따뜻하게 이어가는 것이 바로 '관계'의 시작이자 끝이 아닐까 생각해 봅니다.

✦ 06 월요일 아침을 알리는 하연이의 문자

저는 한 주 동안 있었던 '감사했던 일, 반성되는 일, 베풀었던 일' 각각 3가지 이상씩을 온라인 플랫폼에 주말 일기로 쓰도록 안내하고 있어요.

오늘 월요일 아침 6시 46분에 띠리링~ 알림 문자가 옵니다. 일어나 핸드폰을 열어보니 하연이의 일기가 도착했네요. 월요일 아침 일찍이라도 일기를 써서 제출하는 하연이. 그 이른 시간에 일기를 쓰는 하연이를 떠올리며 기특하고 또 감사했답니다.

주어진 과제를 그래도 빼먹지 않고 성실히 임하는 하연이를 칭찬합니다.

또, 한 번씩 눈 마주치며 저를 향해 미소 지어주는 하연이 모습이 참 예뻤답니다.

🏮 '감사와 반성, 그리고 베풂의 일상을 찾아 표현해보자.'

5년 전. 삶의 방향과 의미를 잃어버린 채 방황하는 저에게 마음을 다해 함께 해 주시는 큰 스승님을 만났습니다. 그 이후로 저는 매일같이 감사한 일과 반성되는 일, 베풀었던 일을 떠올리며 일기를 쓰고 있습니다.

범사(모든 일)에 '감사'하고 기뻐하면 이미 행복합니다. 진심 어린 '반성'은 스스로를 떳떳하게 하고 평온하게 하며 사랑받게 하는 마중물입니다. 배려, 존중, 격려와 응원, 나눔 등 자잘한 '베풂'의 실천은 세상을 좀 더 따뜻하게 만들 수 있었습니다.

스승님께서 건네어 주신 삶의 행복법을 아이들에게도 느끼게 해주고 싶은 마음에 이를 주제로 주말 일기를 쓰게 하고 있답니다. 일상의 삶에서 체험하고 경험했던 감사와 반성과 베풂을 단 한 주도! 단 한 명도! 빠짐없이 일기로 써서 저에게 제출하는 우리 아이들 크게 칭찬합니다.

'감사와 반성과 베풂을 주제로 한 일기 쓰기'가 어느새 아이들 삶의 일부분이 되고, 그 즐거움과 유익함을 스스로 체험하고 느낌으로써 더 행복하고, 더 떳떳하고, 더 평온하고, 더 사랑받으며, 더 따뜻한 마음을 나눌 수 있는 사람이 되길 진심으로 바라봅니다.

✦ 07 웃는 시간이 많아졌어요

　　　비가 내리는 월요일. 살짝 처질 수 있는 날임에도 아이들은 어김없이 밝고 예쁘네요. 오늘 하연이 웃음소리를 많이 듣게 된 날이어서 더 기분이 좋네요. 하연이가 학기 초반에는 저와 함께하는 시간이 좀 걱정되고 조심스러웠던 것 같아요.

　이젠 저와의 심리적 거리가 많이 좁혀진 듯 교실에서도 편하게 지내고, 해맑게 웃는 시간도 점점 많아진답니다.

　수학 문제를 잘 몰라서 친구들에게 도움을 요청할 때도 쭈뼛대지 않고 밝게 웃어 보이고, 쉬는 시간 친구들과 매트에 함께 누워 낄낄 웃으며 장난도 치고, 체육 시간에는 가장 신나게 웃으며 활동적으로 수업에 임하는 하연이.

　조용한 듯하면서도 조금씩 푼수 짓을 하는 하연이를 기대해 봅니다.

　학교 교과 공부가 어떻게 노는 것보다 재밌겠느냐마는 우리 하연이는 오늘 주어진 자리에서 최선을 다하고, 최대한 즐기려 노력하는 시간을 가졌답니다. 예쁜 하연이 저에게 보내주심에 감사합니다.

　하연이와 함께 더욱 재미있고, 유익한 시간 보내도록 하겠습니다.

💬 '표정이 말해주는 것들'

표정. 마음속에 품은 감정이나 정서 따위의 심리 상태가 겉으로 드러난 모습을 말하는 단어입니다.

일상생활 속에서 하연이의 웃는 표정이 많아진다는 것은 하연이의 심리 상태가 많이 안정적이면서 밝아졌음을 보여주는 증거일 것입니다.

'하연이가 웃을 때마다 바라보는 저의 표정은 과연 어땠을까?' 상상하며 저의 표정을 그려봅니다. 보나 마나 흐뭇해하는 '아빠 미소'이지 않았을까요? 저의 표정도 제 마음에서 나오는 것이었을 테니까요.

◆ 08   자신이 잘하는 것이 무엇인지 잘 아는 것!

하연이와의 하루를 보내고 늦게 칭찬 문자를 드리네요. 죄송합니다.

지난 주말 저는 친한 지인과 함께 이야기 나눌 시간이 있었어요. 지인의 딸이 고2인데, 어렸을 때부터 미용 직종에 관심이 많았지요. 자신의 진로를 요즘 확실히 정하고, 미용에 대한 자세한 정보를 얻기 위해 서울로 올라갔다가 며칠 전 돌아왔다 하더군요. 서울의 유명 미용실에 가서 진로에 대한 상담을 받고, 실제로 미용실 환경을 체험하고 나니 지인 딸의 마음가짐은 사뭇 달라졌다고 합니다. 또한, 헤어디자이너가 되기 위해서는 학교 공부도 절대로 소홀히 하면 안 된다는 걸 함께 배워왔다고 해요.

'이 이야기를 들으며 제가 가장 먼저 떠오른 사람은 누구일까요?'

바로 우리 하연이였답니다.

아침부터 학교에 와서 헤어디자이너가 되기 위한 과정들을 자세히 이야기해 주었고, 하연이는 평소보다 더욱 초롱초롱한 눈빛으로 저의 이야기를 주의 깊게 듣고 있었지요.

부모님도 아시겠지만, 하연이는 미용 직종에 관심이 많아요. 본인을 꾸미는 것도 참 좋아하고, 또 좋아하는 데 그치는 것이 아니라 손재주가 좋으니 잘하기까지 하지요.

아침에 한 번씩 학교 친구들의 머리를 만져주고 있는 하연이를 보고 있으면 '참 잘한다.', '모습이 참 잘 어울린다.'라는 생각을 자연스레 하게 되지요.

저번에도 말씀드렸지만 하연이의 가장 큰 장점은 '자신이 잘하는 것이 무엇인지를 잘 아는 것'입니다. 또한, 하연이는 자신이 잘하는 것에 대한 믿음과 집중력이 있어요. 친구들도 하연이의 손재주를 무한 인정하며 하연이의 재능을 힘껏 응원하고 칭찬해주지요.

제가 건네는 이야기가 하연이에게 더 큰 동기가 될지는 모르겠지만, '하루하루 조금씩 조금씩 우리 하연이의 장점이 더욱 빛날 수 있도록 함께하자.' 다짐하는 하루랍니다.

요즘 학업에 관한 관심과 집중력도 학기 초에 비해 많이 좋아지고 있어요. 귀한 아이와 함께하는 선생님으로 더욱 노력하겠습니다.

● '난 오빠가 불쌍해.'

전 두 살 터울의 여동생이 있습니다. 어린 시절부터 하고 싶은 게 참 많았던 친구입니다. 넉넉지 못한 형편에도 제 여동생은 하고 싶어 하는 것에 항상 적극적이었지요. 제가 중학생이었던 어느 날. 여동생이 저를 가만히 쳐다보더니 묻습니다.

"오빠는 하고 싶은 게 뭐야?"

전 귀찮은 듯이 대답했지요.

"나? 별로 하고 싶은 거 없는데?"

다시 물끄러미 절 쳐다보며 한 마디를 더 건넵니다.

"난 오빠가 불쌍해."

왜 하고 싶은 게 없었을까요? 주위의 눈치를 보며, 가정 형편을 스스로 저울질하며, 그렇게 제가 하고 싶은 일을 겉으로 내보이지 않고 부모님, 선생님 말씀대로 학교 공부하는 것이 전부인 양 그저 그렇게 학창 시절을 보냈던 것 같습니다.

내가 좋아하고 잘하는 게 무엇인지, 또 하고 싶은 게 무엇인지 잘 안다는 것은 '내 삶의 주인이 바로 나'임을 증명해주는 증거이지 않을까 생각이 듭니다.

대견합니다. 하연이는 벌써 자기 삶의 주인이 되어 있습니다.

♦ 09 하연이, '사라'를 만나러 도서관에 가다

학기 초 인근 농원에서 학생별로 한 명씩 식물 화분 선물을 받았어요. 제가 식물을 키우는 것에 너무 무심하여 결국 제 것 포함 6개의 화분 중에서 4개의 식물이 죽었어요. 오늘 아침 부끄럽게 반성하며 죽은 식물을 아이들과 함께 땅에 묻어주었답니다.

그리고 수돗가에 가서 남겨진 화분을 씻으라고 지도하는데, 다들 더럽게 여겼는지 대충 손가락으로 끄적끄적하는 반면 하연이는 달랐어요. 흙이 묻은 화분을 참 열심히 씻더라고요.

칭찬해주며 "하연이는 집에서 설거지를 좀 하나 봐?" 했더니 찡긋 웃으며 "가끔 해요. 라면 먹고요."라고 하더라고요.

가만 보면 하연이가 참 야무져요. 교실에서 글씨를 쓸 때도 대충 쓰지 않고 참 또박또박 예쁘게 쓰고, 아이들 머리 묶어줄 때도, 청소할 때나 무언가를 만들 때도 정성을 많이 들여 꼼꼼하게 해내지요.

하연이는 하나를 해도 정성을 쏟는 마음이 대단하지요. 칭찬받을만하고 더 나아가 제가 하연이를 통해 배울 점이랍니다.

점심시간. 아이들이 교실에서 이것저것 놀 것을 찾아 돌아다녀요. 가만 보니 하연이가 교실에 없더라고요. 하연이 어디 있냐고 아이들에게 물어보니 도서관에 있다는 것 아니겠어요? '다른 반 동생들과 놀고 있나?' 생각하던 와중 아이 한 명이 "하연이 누워서 책 보고 있어요." 하더라고요.

아침 독서 시간을 제외하곤 평소 하연이가 책을 즐겨 읽는 것을 본적이 없었는데 아이들이 한 말에 놀라서 전 도서관에 몰래 들어가 보았어요. 아이들 말대로 넓은 도서실에 혼자 벤치에 누워 책을 읽고 있더라고요.

읽고 있는 책은 '사라, 버스를 타다.'였어요. 4학년 국어 교과서에도 나오는 책인데, 도서관에 찾아온 저를 보고 화들짝 놀라 일어나는 하연을 향해 전 물어보았지요.

"하연아, 그 책 재밌어?"

하연이는 쭈뼛대면서도 "네, 이 책 엄~청 재밌어요."라고 말했어요.

저는 다시 "그래? 이 책이 왜 재미있는지 궁금하다. 선생님에게 이야기 좀 해 줄래?" 했더니 "뭐. 그냥 다 재미있어요."하고 얼버무립니다.

이 책은 인종차별, 흑인 인권을 다룬 책인데, 1955년 미국의 흑인 차별법 중 하나로 '버스에 흑인과 백인의 자리가 구분된 것'에 의문을 품고 있던 '사라'는 당시의 법을 어기고 백인만 앉을 수 있는 버스 앞쪽 자리에 앉지요. 버스 기사는 결국 경찰관을 불러 '사라'를 버스에서 내리게 하고, 이내 경찰서로 데려가지요. '사라'의 이야기가 빠르게 퍼져나가며 사람들은 버스 승차 거부 운동을 하죠. 결국 인종차별적인 법(흑인과 백인의 버스 자리를 구분하는 것)이 바뀌게 된다는 이야기에요.

하연이에게 자세한 대답을 들을 수 없었지만, 이 책의 내용이 재미있다고 하니 여러모로 하연이의 마음을 좀 더 유심히 살펴보게 됩니다.

옳은 것을 위하여 당당히 맞서는 용기. 부당하고 차별적인 대우를 받는 주인공이 자신의 힘으로 마침내 문제를 해결하는 시원함을 느낄 수 있는 좋은 책이랍니다. 더욱이 평소 하연이의 성향으로 보았을 때 주인공 '사라'가 우리 하연이에게 참 매력적인 캐릭터임에는 분명한 것 같아요.

제가 많이 부족해서 대화를 더 이어 나가지는 못했지만, 이 책을 좋아한다는 하연이의 말 속에서 하연이가 가진 생각과 마음이 참 단단하게 느껴지는 하루입니다. 우리 하연이에게 좀 더 다가가 많은 이야기를 나누고 싶다는 생각이 많아지는 하루입니다.

오늘도 저를 바라보며 건네는 하연이의 미소와 웃음이 참 감사하며, 남은 시간 하연이와 더 많이 이야기 나누며 서로에게 행복한 시간이 되도록 노력하겠습니다.

⚫ '계산기를 쓰면 되는데 왜 해야 하죠?'

아이들이 가장 버겁고 힘들어하는 수업 시간 중 하나는 바로 수학 시간입니다. 그중에서도 반복적인 계산 연습이 동반되는 '수와 연산' 영역의 단원을 가장 싫어하죠. 수학 기초 학력 향상 보충 수업이 있던 어느 날. 하연이는 저에게 다가와 질문을 건넵니다.

"선생님, 계산기를 쓰면 되는데 굳이 왜 직접 계산해야 하죠?"

저는 당황하지 않고 준비된(?) 대답을 합니다.

"계산하는 법을 알아야 계산기도 쓸 수 있는 거야. 하연이가 나중에 미용실을 운영할 때, 마트에 장을 볼 때, 하연이가 좋아하는 옷을 구매할 때, 음식을 함께 나눌 때 모두 그 상황에 맞는 계산법이 필요하지."

수학은 생각하고 궁리하는 힘인 사고력(논리력, 창의력 등)을 길러주는 교과라는 원론적인 말까지 하려다 이내 멈춥니다. 저의 대답을 듣고 하연이는 별 반응 없이 조용히 자기 자리에 앉아 수학 문제집을 풉니다. 하연이의 뒷모습을 바라보면서, 또 기계적으로 대답한 내용을 떠올리면서 얼굴이 화끈거리며 부끄러웠습니다.

하연이에게 한 대답과 달리, 실제 저는 그저 부모님과 선생님께 인정받기 위해서, 좋은 성적을 거두어 상위권 대학에 입학하기 위해서 수학 공부를 했기 때문입니다. 교사가 되어서도 수학 교육과정의 목표를 달달 외우듯 영혼 없는 말로만 이유를 대며 무작정 수학을 가르쳤지, 아이들의 일상에서 수학 공부가 정말 왜 필요한 것인지 스스로 진지하게 고민하고 성찰해 본 적이 없었던 것 같습니다.

며칠 전 저는 아이들에게 '세 얼간이'라는 영화를 보여줬습니다. I.C.E라는 명문대학교 총장인 비루 교수는 신입생들을 광장에 모아놓고 자기 스승이 물려준 '우주 펜'을 꺼내 들며 자랑을 늘어놓습니다. 일반 펜은 중력이 없는 우주에서 잉크가 나오지 않지만, 특수 기술로 만든 이 '우주 펜'은 우주에서도 잉크가 잘 나오는 위대한 발명품이라고 말이죠. 언젠가 훌륭한 제자를 만났을 때 이 '우주 펜'을 물려주겠노라고 공언합니다.

이 말을 듣고 있던 주인공 란초는 장난스레 묻습니다.

"우주에서 왜 굳이 펜을 써야 하죠? 그냥 잉크가 필요 없는 연필을 쓰면 되지 않나요?"

비루 교수는 란초의 질문에 대답하지 못한 채 크게 당황하고, 이내 신입생들에게 큰 웃음거리가 됩니다.

"왜 그렇게 해야 하죠?"

왜 버스에서 흑인과 백인의 자리를 구분해서 앉아야 하느냐는 '사라'의 질문, 왜 굳이 계산기를 쓰지 않고 직접 계산해야 하느냐는 '하연이'의 질문, 연필을 사용하면 되는데 우주에서 왜 굳이 펜을 사용해야 하느냐는 '란초'의 질문은 모두 같은 것이었습니다.

기존에 있는 그대로를 그저 답습하며 사는 저의 '물음표 없는 삶'에 경종을 울리는 시간이었습니다. 가르치러 온 저에게 오히려 큰 가르침을 주는 하연이에게 감사한 시간이었습니다.

✦ 10 　조금 더 특별한 나의 엄마와 함께

　　　　　열 번째 칭찬 문자네요. 벌써 이렇게 시간이 흘렀나 하는 아쉬움과 좀 더 마음 담아 아이들에게 관심하지 못한 지난 시간을 돌아보며, 더 이상 후회하지 않는 올해 교직 생활을 다짐해 봅니다.

　저에게 공문이 하나 전달되었어요. '이중 언어 말하기 대회 개최계획'. 하루에도 수많은 공문이 들어오고, 관련 담당 업무가 아니면 쉽게 지나가는 저인지라 이 공람 공문 또한 쉽게 접수하고 넘어가 버렸지요.

　그러던 어느 날. 하연이를 바라보다 문득 이중 언어 말하기 대회가 생각나 호기심에 이야기를 건넵니다.

　"하연아, 너 베트남 말 할 수 있어?"

　하연이는 수줍게 대답합니다.

　"아니요. 근데… 조금은 알아들을 수는 있어요."

　솔직히 기대는 하지 않았는지라 사뭇 놀라며 이야기를 이어갑니다.

　"진짜? 대단하다. 그럼 얼마나 알아들어?"

　"그냥 엄마랑 이모들이 베트남어로 이야기하시는 거 대강 알아들을 수 있어요."

　일상적 대화 내용을 어느 정도 알아들을 수가 있다니! 더욱 놀라며 살며시 꼬십니다.

　"하연아, 이중 언어 말하기 대회라고 있는데, 우리나라 말과 베트남어로 자신의 일상 이야기를 표현해 보는 대회야. 한 번 나가보지 않을래?"

"조금 알아듣기만 하지, 말할 줄은 몰라요. 아뇨. 하고 싶지 않아요."

"그래? 일단 알았어."

가만히 하연이 말을 머무르며 생각에 잠깁니다. 잘하는 것에는 정성을 다하지만 못한다고 생각되는 것에는 에너지를 잘 쓰지 않는 우리 하연이. 어떠한 상황이 자신에게 정확히 유익하다고 생각하면 힘들어도 꾸준히 실행해보는 우리 하연이.

제가 할 수 있는 일은 '하연이가 정성을 다하며 자기 삶을 살아갈 수 있게 잘할 수 있는 것들을 많이 찾아주는 것, 의미 있다고 생각되는 일을 만들어 꾸준히 실천해 보도록 하는 것'이란 생각이 들었어요.

그리고 지난주 '내 고장 걷기 체험 학습' 날이었어요.

4~6학년이 함께 걷는 선비문화탐방로에서 우연히 하연이와 나란히 걷는 행운을 누리게 됩니다.

'기회는 이때다.'

하연이와 이중 언어 말하기대회가 아닌 하연이 어머니에 관하여 이야기를 건넵니다.

"하연아, 엄마가 하연이에게 하고 싶은 말을 할 때 모국어인 베트남어가 아닌 우리나라 말로 하시지? 사랑하는 내 딸에게 자연스럽게 더 많은 말을 하고 싶을 때가 많으실 텐데 실제로 참 불편하실 것 같아. 그치? 한번 생각해봐. 하연이 네가 성인이 되어 미국 국적의 남자랑 결혼해 미국으로 이민을 가. 그곳에서 사랑하는 아이를 낳으며 살게 되지. 하지만 그 아이는 한국말은 못하고 영어만 말할 수 있어. 그래서 배운 영어를 최대한 동원해가며 힘겹게 내 아이와 대화하는 너를 상상해봐.

선생님은 하연이가 베트남어를 할 수 있는 충분한 능력이 된다고 생각해. '듣고 이해하는 것'은 '직접 말로 표현'할 수 있는 바로 전(前) 단계란다. 이 상황은 정말 아무나 가질 수 없는 하연이의 큰 행운이지. 조금의 노력만으로도 쉽게 엄마 나라의 말을 할 수 있는 기회 말이야. 그리고 두 가지 언어를 할 수 있다는 것만으로도 삶의 큰 무기가 되지."

그리고 슬며시 이중 언어 말하기 대회 참여를 권유합니다. 아직도 하연이가 주저하길래

"하연아, 준비하는 동안은 디딤돌(보충수업) 안 시킬게. 대본도 선생님이 다 써볼게. 부담가지는 일이 없도록 선생님이 절대 욕심부리지 않을게. 그러니까~~~ 하자~ 응? 응?"

저는 결국 오늘도 하연이를 조르고 또 조릅니다.

내 고장 걷기 체험 학습을 한 그날 하교 직전에 저를 가만히 바라봅니다. 고민하고 고민하다가 결국 참여하겠다는 의사 표현을 하고, 수줍게 저와 하이파이브를 하며 참여 도장을 꾹 찍습니다.

솔직히, 대회를 준비하다 보면 저의 일이 더 많아집니다. 의무적인 대회가 아니라 아무도 저에게 참여하라 독려한 적도 없습니다. 일에 치여 결국 책임도 못 질 오지랖이었나 생각하며 잠시 후회도 하였지만 '두 가지의 상상'이 저를 금방 바꾸어놓습니다.

'하연이가 하교 후 말하기 대본을 들고 엄마에게 발음 교정을 받으며 함께 베트남어를 배우는 모습. 그리고 어느새 엄마가 그동안 하연이에게 하고 싶지만 할 수 없었던 말들을 편하게 베트남어로 건네고, 하연이도 사랑하는 엄마에게 전하고 싶었던 말을 엄마의 입장에서 표현해

봄으로써 서로의 마음이 딱! 전해지는 참 따뜻한 두 모녀의 모습'

상상만 해도 참 좋습니다. 하연이의 선생님으로서 그런 모습이 일어나도록 도움을 줄 수 있는 것만으로도 정말 감사이고 행복이란 생각을 합니다.

엄마의 말을 배우며!
*엄마의 고향을 만나 가는 시간.
*엄마의 마음을 만나 가는 시간.
*엄마의 고향은 하연이의 고향이기도 함을 느끼는 시간.
*'엄마가 하연이를 사랑하는 마음'도 '하연이가 엄마를 사랑하는 마음'과 잘 맞닿아있음을 알게 되는 시간.

그 시간이 올 수 있도록 조만간 하연이와 또 어머님과 함께하는 시간 만들어보도록 하겠습니다.

🖊️ 'Xin chào, mình là Kang Ha Yeon.'

코로나로 인하여 온라인으로 개최된 이중 언어 말하기 대회. 아마도 올해 하연이와 함께 한 활동 중에 제가 가장 많이 마음을 담아 노력한 시간이 아니었나 싶습니다.

정말 생각지도 못했던 대답이었습니다. 엄마와 이모가 베트남 말로 나누는 대화내용을 하연이가 어느 정도 알아들을 수 있다는 것 말이죠. 그냥 지나치기에는 너무나도 아까운 하연이의 장점을 조금이나마 키워줄 수 있는 절호의 찬스!였다는 생각이 들었습니다.

'더 가까이 다가가 관심하며 아이를 관찰하다 보면 정말 소중한 것들이 눈에 보이는구나.'

이 책의 제목인 '교실 속 숨은 보물찾기'의 의미와 참 맞닿는 좋은 사례였습니다.

그리고 저는 다섯 아이의 선생님이기도 하지만 두 아이의 아빠이기도 합니다. 부모가 되어 보니 자식을 바라보는 부모의 마음이 얼마나 뭉클하고 크며 아름다운 것인지 조금이나마 느끼고 있습니다.

하연이의 어머니께서 우리나라에 이민을 와서 느끼실 어려움과 아이를 키우며 말이 안 통해 답답하실 수 있는 마음을 부모의 입장에서 상상해보았습니다. 하연이가 엄마의 모(母)국어를 엄마에게 직접 배우며 엄마가 하연이를 사랑하는 마음을 하연이가 더 뜨겁게 느낄 수 있기를 바라는 마음으로 좀 더 하연이와 함께할 수 있는 시간을 만들어 드리고 싶었습니다.

자신의 경험을 비추어 한국어 대본을 직접 만들어보고, 번역기로 번역한 베트남 대본을 한글로 읽을 수 있게 언니가 도와주고, 아빠의 따뜻한 격려와 응원을 받고, 엄마의 음성으로 베트남어 발음 교정을 받으며 하연이는 모든 가족과 함께 대회에 참여할 수 있었습니다.

이 대회에 한 번 참여했다고 하연이가 유창하게 베트남어를 구사할 수 있는 것은 아니었지만 엄마의 모국어에 대한 적극적인 관심을 유도하고, 가족 간의 따뜻한 유대 관계를 다시 한번 확인하고 몸소 느낄 수 있는 시간이었지 않았을까 생각합니다.

하연이와 함께 써 내려간 대본의 뒷부분을 공유해봅니다.

Có một việc làm cho tâm trạng tôi tốt hơn tất cả những việc này. Chính là có thể nhìn thấy nụ cười tươi sáng của người mẹ mà tôi yêu quý. Vì phải nói chuyện với gia đình nhà ngoại nên anh ấy đã ngủ muộn, ăn thức ăn bà nấu cho, và suốt thời gian ở Việt Nam anh ấy không ngừng cười và trông rất vui vẻ.

(이 모든 것들보다도 저를 가장 기분 좋게 하는 일은 따로 있어요. 바로 내가 사랑하는 엄마의 밝은 미소를 볼 수 있다는 것이에요. 외갓집 가족들과 대화하시느라 늦게 잠을 청하시고, 할머니께서 만들어주신 음식을 먹으며, 베트남에 계신 내내 웃음이 끊이질 않고 너무나도 신나 보이셨어요.)

Khi ở Hàn Quốc, bạn sẽ nhớ gia đình đến mức nào. Và muốn nói nhiều hơn với tụi mình một cách tự nhiên, bây giờ mình nghĩ các bạn sẽ thấy bức bối biết bao nhiêu.

(한국에 계실 때 가족이 얼마나 그리우실까. 또 우리에게 자연스럽게 더 많은 말을 하고 싶으실텐데 얼마나 답답하실까 이제야 생각이 듭니다.)

Thông qua đại hội lần này, tôi học được lời nói của mẹ và gặp quê hương của mẹ và gặp gỡ trái tim mẹ thật tuyệt vời.

(이번 대회를 통해 엄마의 말을 배우며 엄마의 고향을 만나가고, 엄마의 마음을 만나는 시간이 참 좋습니다.)

Tôi mong đợi một ngày nói chuyện với mẹ một cách tự nhiên.

(조금씩 조금씩 엄마와 함께 자연스럽게 대화를 주고받는 날을 기대해봅니다.)

Con yêu mẹ~!

(엄마 사랑해요~!)

✦ 11 우리 반 복면가왕(覆面佳王) 강하연!

'복면가왕(覆面歌王)'

오랫동안 시청자들에게 사랑받는 예능프로그램이죠. 참가자들은 복면을 써 얼굴을 숨기고, 자신의 노래 실력을 자신 있게 뽐내는 무대를 선보입니다. 시청자들은 편견 없이 그저 온전히 그들의 음악을 귀로만 듣게 되지요. 참 매력적이고 감동이 있는 프로그램이에요.

'모습을 숨긴다.', '감정을 숨긴다.'

우리 하연이를 떠올리면서 문득 생각나는 두 문장입니다.

먼저, '모습을 숨긴다.'

하연이는 마스크를 정말 잘 착용합니다. 코로나-19 대유행 상황 속에서 아주 모범적인 자세이지요. 하지만 함께 6학년 생활을 하며 갸우뚱하는 상황들을 마주합니다. 야외에서 단소를 불기 위해, 단체 사진을 찍기 위해, 점심 급식을 하기 위해 등 한 번씩 마스크를 벗는 경우가 생기면 황급히 자기 모습을 숨깁니다. 이따금 제가 하연이를 쳐다보면 바로 고개를 획! 돌려버리지요.

처음에는 '마스크를 너무 오래 쓰다 보니 갑자기 마스크를 벗으면 부끄러운가?', '사람을 대하는 태도가 많이 소극적이고, 직접 얼굴 마주하

고 대면하기보다는 너무 쉽게 회피하는 것은 아닌가?', '혹시 자기 외모에 콤플렉스가 있나?'

긍정적이지 않은 여러 가지 생각을 하며 많은 시간 동안 바라보았지요. 선생님으로서 고쳐주어야겠다는 생각을 가~득 가지고 말이죠.

하지만 요즘 저의 생각이 바뀌기 시작합니다. 하연이의 행동을 '마스크 집착'이라고 부정적으로 보기보다는 '마스크 애착'을 가진 정도라고 긍정적으로 보게 되었어요.

하연이는 마스크를 쓰면 훨씬 편안함을 느낍니다.

하연이는 마스크를 쓰면 좀 더 자신감을 가집니다.

하연이는 마스크를 쓰면 감정 표현이 자연스러워집니다.

마스크로 자기 모습을 집착적으로 숨기는 것이 아니라, 오히려 마스크 덕분에 자기 모습을 더욱 편안하게 드러내고 있다고 생각하게 됩니다.

하연이가 '마스크를 벗기 싫어하는 모습'은 습관, 성격, 외모 모두 관련이 있을 수도 있어요. 하지만 이 점은 '해와 바람'이란 동화책 교훈처럼 강압적으로 지도할 수 있는 부분이 아니라고 생각해요. 특히 코로나-19 상황 속에서는 더더욱 말이죠. 하연이에게 마스크는 이미 방역 수단 그 이상의 의미가 되었어요. 마스크를 쓰고 있을 때 여러모로 생활 속 만족감이 높다면 이를 충분히 인정하고 존중해주어야 한다는 생각이 듭니다.

두 번째, '감정을 숨긴다.'

하연이는 평소 표현이 많지 않아요. 무슨 생각을 하고 있는지, 무슨 감정으로 있는지 잘 캐치가 되지 않지요. 솔직히 처음에는 하연이의 모습이 답답해서 하연이에게 말 좀 하라며 참 많이 찡찡대었답니다.

그런데 참 재미있어요. 하연이의 '감정 숨김'이 저에겐 더욱 자극이 되어 하연이를 유심히 바라보는 시간이 점점 많아지는 것 아니겠어요?

하연이가 수업 시간에 많이 소극적인데, 그럴 때마다 하연이가 어떤 마음 상태일까 조심스럽게 관찰하고, 하연이에게 필요한 부분이 무엇이 있을까 자연스럽게 고민하게 됩니다.

선(善)한 마음을 가지고 있는 하연이, 긍정적인 감정 에너지가 풍부한 하연이, 사회적 규범을 성실히 잘 따르고 함께하는 사람들과 좋은 유대감을 맺고 있는 친구가 바로 우리 하연이입니다.

편견을 거두면 아름다운 매력이 넘쳐흐르는 우리 반의 복면가왕(覆面佳王)! 하연이.

말하지 않아도 알 수 있는, 드러내지 않아도 느낄 수 있는 하연이의 참 좋은 선생님이 되고 싶습니다.

🌙 '나는 옳고 너는 그르다.'

14년이라는 적지 않은 교직 생활하는 동안 부끄럽게도 참 많이 가지고 있었던 생각입니다.

'어쭈! 내 말을 안 들어? 나는 선생님이고, 너는 학생이야. 그러니 너는 내 말을 따라야 해!'

참 무서운 표정과 엄한 말투로 권위를 앞세워 아이들에게 압력을 행사하였던 모습이 크게 반성 되는 시간입니다.

'쟤는 왜 저럴까?' 교사의 잣대로 섣불리 평가하기 전에 다시 한번 아이의 행동 양식을 유심히 살펴보고, 아이 나름의 이유를 아이에게 직접 들어보며, 그 속에 비추어지는 아이의 생각과 느낌이 얼마나 긍정적인지 파악하는 것이 중요하다고 생각합니다.

교사의 판단이 언제든지 편견일 수 있다는 가능성을 항상 열어놓아야 합니다. 자신만의 옳고 그름의 잣대로 아이를 재단하는 것은 가장 지양해야 할 교사의 자세라고 생각합니다. 제가 내어놓는 '일단 아이의 말과 생각과 행동을 긍정적으로 바라보기' 교육 활동의 마지막 종착역은 바로 아이들이 '좀 더 가치 있고 행복한 삶을 영위'하는 것임을 그동안의 교직 생활을 크게 반성하며 다시 한번 되새기는 시간입니다.

✦ 12 뭔가 재미있어졌어요!

잘 지내셨나요?

교육과정 및 평가 기획, 담당 업무 추진으로 쉴 틈 없이 한 주를 보내고, 한 주 늦게 인사를 드리네요. 혹시 제 문자를 기다리셨나요? 기다리셨다면 저의 오지랖 넓은 '일주일에 한 통씩 칭찬 문자 보내기' 학급 경영 활동을 마음 담아 함께해 주심에 참 감사한 마음입니다.

며칠 전. 하연이가 친구들에게 하는 말을 우연히 듣게 되었습니다.

"연극 대본을 외우고 나서 올해는 뭔가 연극이 재미있어졌어!"

하연이가 건넨 말을 놀랍게 들으며, 이번 여름방학 연극 캠프 때가 떠올랐어요. 연극 캠프 때 함께 지도하시는 선생님과 하연이에 관해 이야기하는 시간이 있었거든요.

"선생님, 하연이가 연극에 임하는 자세가 좀 다르지 않아요? 연기를 할 때 굉장히 적극적이고 표정과 말투가 살아있어요!"

저와 생각이 같아 놀라며 선생님 말씀에 맞장구를 칩니다.

"그렇죠? 하연이가 정말 많이 달라졌어요!"

저희 교사들이 본 점이 정확히 맞았다는 것을 오늘 하연이의 말을 통해 확인받게 된 것 같아 참 기뻤답니다.

또 하나. 어제는 하연이 상담 시간이 있었어요.

학교생활, 교우관계, 진로에 관한 생각, 요즘 관심 있는 것들 등등 하나하나 물어보다가 하연이가 또 놀라운 말을 합니다.

"왠지 모르게 뭔가 오늘 수학 시간이 재미있었어요."

수학에 대한 자신감도 부족하고, 흥미나 관심도 적은 하연이가 수학이 재미있었다고 말하다니!

"진짜? 왜 재미있었어?"

저의 반가운 물음에 대한 하연이의 대답은 "모르겠어요."였지만 수학 수업 시간에 조금이나마 흥미를 느끼게 된 점은 참 칭찬할만하고 한 뼘의 성장을 기대할 수 있는 대목입니다.

"뭔가 재미있어졌어요."

재미. 아이들에게 가장 가장 가장 중요한 부분입니다. 즐거움의 에너지가 올라오지 않으면 활동 속에서 유익함을 얻어내기 참으로 힘들지요.

1학기 때와 달리. 연극 수업에 임할 때도, 수학 수업에 임할 때도 재미를 느꼈다는 것은 하연이가 학습활동에 임하는 자세가 긍정적으로 변하고 있다는 확실한 증거가 되고, 제가 봤을 때도 2학기 들어서 여러 학습 활동에 임하는 자세가 점점 적극적이고 능동적으로 변해가고 있음이 확 느껴져서 참 뿌듯하고, 좋습니다.

"좀 잘해봐! 6학년이 이것도 못 하면 어떡해! 참 답답하네!"

14년간 아이에 대한 존중, 사랑 없이 교사의 자기중심적 잣대(교사에 대한 예의, 교사가 가르친 내용에 대한 이해력)로 끊임없이 아이들을 할퀴고 평가 절하했던 지난날을 반성하는 요즘입니다.

하연이가 가지고 있는 수많은 장점과 학교 생활하며 조금이나마 성장해나가는 부분들을 충분히! 확실히! 칭찬·격려해주고, '선생님은 항상 너의 편이야!'라고 느낄 수 있게 마음을 담아 함께 생활하는 것이 우리 아이들을 대하는 교사의 기본 중의 기본자세임을 느끼는 요즘입니다.

자신만의 행복한 삶을 향해 나아갈 수 있도록!

하연이와 더욱 함께하는 하루하루가 되어보자 다짐해봅니다.

✒ '수업을 살리는 골든 타임!'

한 차시 수업의 생명을 좌우하는 골든 타임이 있습니다. 바로 수업 시작 후 5분 내외의 '동기유발 시간'입니다. 이 시간은 아이들의 학습 동기를 유발함으로써 '이 수업이 참 재미있고, 유익할 거야!'라는 기대감을 심어주고, 아이들이 수업에 좀 더 집중하도록 할 수 있는 분위기를 조성하게 됩니다.

동기유발 시간이 수업 전반에 미치는 긍정적인 효과처럼 하연이의 "뭔가 재미있어졌어요!"라는 말은 하연이가 배움의 시간 속으로 스스로 들어갈 준비가 되었다는 것을 의미합니다.

우리 하연이가 학교생활 속에서 점점 더 재미있는 시간이 많아지길 바라며, 그 속에서 배움의 유익함이 자신도 모르게 자기 삶 속에 스며들어 시루 속 콩나물처럼 쑥~쑥 성장하는 하연이가 되길 기대해 봅니다.

✦ 13 일관되게 꿈을 꾸어야 현실적 고민들이 생겨요!

비가 너무 자주, 오래도 오네요. 아이들의 마음처럼 좀 더 맑은 하늘을 기대하는 하루입니다.

지난주 국어 수업 시간에 있었던 일이에요. 교과서 내용 첫 페이지에 '자신의 꿈이나 장래 희망에 대해 고민하거나 걱정한 적이 있나요?'라는 물음이 나와 있어 아이들에게 물어보았어요.

아이들 모두 생각에 잠기는 듯 보였는데 하연이가 제일 먼저 번쩍 손을 드는 것 아니겠어요? 하연이가 먼저 운을 떼는 일은 정말 한 번도 없었는데 너무나 놀랐어요. 반갑게 하연이를 부릅니다.

"오 그래! 하연이 먼저 이야기해볼래?"

제가 너무 놀라니 잠시 쭈뼛대다가 이내 자신의 고민을 이야기합니다.

"어⋯. 제가 미용사가 꿈이잖아요? 근데⋯ 알바로 시작할지, 직접 가게를 차릴지 고민이에요."

예상치도 못했던 고민이 나와 더 놀랍니다.

보통 아이들답지 않게! 자신의 꿈이 변하지 않고 꾸준히 간직하고 있는 것도 참 대단한데, 아주 현실적인 고민들을 평소에 하고 있었구나 생각하니 제가 하연이의 꿈을 너무 가벼이 여긴 것은 아닌가 돌아보게 되었답니다.

저번에도 말씀드렸듯이 하연이는 정말 똑똑하고, 지혜로워요. 자신이 좋아하면서도 잘할 수 있는 일이 무엇인지 너무나도 잘 알고 있지요.

14년 동안 학생 상담을 해본 제 경험에 비추어보면 아이들은 꿈이 정말 자주자주 바뀝니다. 미래에 대한 많은 가능성이 열려있음에 참 희망적인 상황이기도 하지만 또 그 이면에는 자신의 미래의 삶과 꿈에 대하여 깊이 있게 생각해보지 않고 있다는 말이 될 수도 있습니다.

그런 점에서 하연이가 변함없이 일관되게 꾸는 꿈과 그 꿈에 대한 현실적인 고민은 참 의미 있고, 값진 결과물이죠.

제가 웃으며 하연이에게 말을 건네봅니다.

"그래. 충분히 고민되겠다. 선생님 생각엔 종업원으로 시작했을 때와 직접 미용실을 차렸을 때의 장단점을 '수입', '실력', '편안함', '만족감' 등 다양한 측면에서 자세히 알아보고, 그중 하연이가 중요하게 여기는 가치가 무엇인지 순위를 정해 비교해보는 것도 고민에 도움이 될 것 같구나."

그러고 나서 하연이에게 즉각적인 응원과 격려의 메시지를 보냅니다.

"어느 미용실에 고용되어 일하든, 하연이가 직접 미용실을 차려서 일하든 선생님은 하연이가 정말 좋아하고, 잘할 수 있는 일이라고 생각해. 난 하연이가 미용사가 되는 그날 꼭 찾아가서 머리 손질 받을 거야! 머리가 다 벗겨지지 않는 한 말이야. 해 줄 거지?"

하연이가 슬며시 웃습니다.

그날을 손꼽아 기다리며 그때까지 탈모가 일어나지 않도록 모발 관리를 잘하고 있어야겠어요.

요즘 우리 하연이가 부쩍 달라졌어요. 학교에서 표현도 더 적극적이고! 활동에 담겨 있는 마음도 더 긍정적이고!

예쁘게 힘있게 성장하고 있는 하연이를 응원하는 하루, 오늘도 보내 봅니다. 하연이와 많은 이야기를 나누며 하연이의 쑥쑥 크는 성장점을 찾아 느껴보시길 바랍니다.

📖 '차근차근 자신의 꿈을 찾아가는 과정이 중요하다.'

우리 아이들이 고등학교 1학년이 되는 2025년에 고교학점제가 전면 시행된다고 합니다. 고교학점제란 '학생들이 진로에 따라 다양한 과목을 선택·이수하고, 누적 학점이 기준에 도달하면 졸업을 인정하는 제도'입니다. 마치 대학의 학점 이수 제도처럼 말이죠. 고교학점제에서는 특정 교과 학습 위주의 교육과정 운영이 아니라 실제 학생 개개인이 잘할 수 있는 것을 찾고, 자신이 하고 싶은 진로 분야와 관련한 기초소양을 꾸준히 쌓는 것이 중요합니다.

우리 하연이는 고등학생이 되기 전 벌써부터 스스로 자신의 꿈을 차근차근 찾아가며 진지하게 고민하고 있답니다. 하연이가 가진 진로에 관한 생각들을 함께 고민해 보고, 지혜롭게 도움을 줄 수 있는 선생님이 되고 싶습니다.

✦ 14 공든 탑이 무너지랴

애되어 보이고, 수줍음도 많고, 무뚝뚝하면서 소극적이던 하연이. 도대체 어디로 갔을까요?

3월에 처음 교실에서 만나 함께 하던 하연이가 사라졌어요.

요즘 키가 많이 커서 청소년티도 많이 나고, 표현력도 매우 좋아지고, 표정도 밝아지고. 학교 활동에 무척 적극적인 하연이로 어느새 변신했답니다.

매일매일 아이들과 함께하지만 아이들은 정말 한순간에 부쩍부쩍 성장하는 것 같아요.

그만큼 현재 커나가는 가정환경과 교육환경이 아이들의 성장에 얼마나 중요한지 느낄 수가 있습니다.

지난주 금요일 연극 공연을 마쳤어요. 관람하신 선생님들께서 여러 아이의 연기력에도 놀라셨지만 특히 몰라볼 정도로 성장한 하연이의 모습에 대해 놀라움을 표현하십니다.

또 연극 공연을 준비하는 과정에서도 어찌나 적극적으로 임하던지 아이들 역할에 맞는 분장을 해야 하는데 하연이가 지도 선생님께 "저 아이들 분장 잘할 수 있어요. 저에게 맡겨주시면 안 될까요?"라며 당당하게 자신감을 드러내 보이더라구요.

점심시간마다 아이들 역할에 맞는 분장을 어떻게 하면 좋을지 연구도 하고, 연습도 해 보면서 참 행복해 보였답니다.

오늘 국어 시간에 관용표현과 관련한 수업을 했는데 "공든 탑이 무너지랴."라는 관용표현을 배우는 시간이 있었지요.

"공든 탑이 무너지랴."

공들여 쌓은 탑은 무너질 리 없다는 뜻으로, 힘을 다하고 정성을 다하여 한 일은 그 결과가 반드시 헛되지 아니함을 비유적으로 이르는 말입니다.

우리 하연이 생각이 번뜩 나면서 칭찬을 쏟아내었지요.

"요즘 우리 하연이 보며 '공든 탑이 무너지랴.'라는 말이 절로 나오게 된단다. 하연이는 한번 정성을 다하자 마음만 먹으면 집중하여 참 완벽할 정도로 성과를 만들어 내지."

아이들이 고개를 끄덕이며, "맞아 그렇지! 우리 하연이는 한다면 해!" 합니다.

요즘 우리 하연이 예뻐죽겠습니다. 꽃을 활짝 피울 때 더욱 정신 차리고 하연이 성장에 도움이 될만한 무언가를 건네주는 선생님이 되어

보자 스스로 고삐를 당겨봅니다.

　가정에서도 칭찬, 격려 많이 나눠주시고, 활짝 만개하고 있는 예쁜 하연이 꽃. 사랑한다고 표현하며 많이 안아주세요!

🎖 '내가 공들인 탑도 역시 무너지지 않았다!'

　정말 어디로 갔을까요? 3월의 하연이. 이렇게 적극적이고 밝은 하연이의 지금 모습이 정말 신기할 따름입니다. 하연이를 믿어주고 기다려주는 저의 다짐과 실천이 얼마만큼의 긍정적인 영향을 미쳤는지 알 수는 없지만 확실하게 믿어지는 생각이 있습니다.

'아이를 믿고 차분히 기다려주니 내가 공들인 탑도 무너지지 않는구나!'

제가 공들인 탑은 바로 '하연'이었습니다. 일 년간 하연이의 숨은 보물을 찾아보는 의미 있는 여정 속에서 아이에게 쏟은 제 마음은 그 어느 때보다도 정성스러웠습니다.

선조들의 말씀이 맞습니다. 공들여 쌓은 탑은 절대 무너질 리 없습니다.

★ 부모님이 찾은 하연이의 보물 ★

 우리 하연이는요. (Feat. 엄마)

❶ 심부름을 잘한다.

❷ 운동을 잘한다.

❸ 집 정리를 잘한다.

❹ 언니랑 친하게 지낸다.

 우리 하연이는요. (Feat. 아빠)

❶ 자전거를 잘 탄다.

❷ 심부름을 잘한다.

❸ 달고나를 잘 만든다.

❹ 설거지를 잘한다.

6 우준이의
숨은 보물찾기!

✦ 01 연극무대에서의 자신감!

오늘은 6학년 학생들이 학교폭력과 관련한 연극을 만들어 전교생에게 보여줬습니다.

하기 힘들거나 싫을 수 있는 배역들이 있었는데 선뜻 하겠다는 자신감을 칭찬합니다! 작년 연극대회 최우수 연기자상 수상이 우준이에게 긍정적 영향을 많이 끼친 것 같아요.

🎬 '특명! 서상을 지켜라!'

작년 우리 아이들이 경남 어린이연극 페스티벌에 출품하여 최고 작품상을 받은 연극의 제목입니다.

아이들과 연극 만들기 프로젝트 학습을 함께하며 A4 40페이지 분량의 연극 대본을 학생들이 직접 만들어 내었고, 그 결과와 과정 모두 참 좋았습니다.

추진했던 학생 주도적인 대본 만들기 활동은 사회적으로 주목받을 수 있는 좋은 콘텐츠였고, 이 이야기는 지역신문사와 라디오에서 인터뷰를 요청할 정도로 파급력을 낳았답니다.

또한 자신들이 써 내려간 대본으로 연극을 하니 대사를 외우거나 연기를 할 때 전혀 어색하지 않았어요.

교사로서 창작활동의 가치에 대해 참 많이 배운 시간이었고, 부족하지만 이 책을 시작으로 한 걸음씩 실천해보고자 합니다.

특명! 서상을 지켜라!' 공연 영상

✦ 02 　내가 좋아하는 사람이
　　　나를 좋아해 주는 건 기적이야

　　　우준이와 함께하는 행복한 한 주입니다. 오늘 퇴근 후 두 가지가 생각나는데, 첫 번째는 저번 주에 만든 부채입니다. 앞면에는 그림을 자유롭게 그려보고, 뒷면에는 마음에 드는 좋은 문구를 써보라고 안내했는데 앞면은 평가를 생략(?)하고, 뒷면에 쓴 문구가 너무 좋아 공유합니다.

　'내가 좋아하는 사람이 나를 좋아해 주는 건 기적이야.'

　생텍쥐페리의 〈어린 왕자〉에 나오는 글귀의 가치를 알고 표현한 우리 우준이. 며칠 동안 우준이가 쓴 문구가 수시로 떠오르며 참 좋았답니다.

✏️ '세상에서 가장 어려운 일'

우준이가 쓴 글귀도 참 좋지만 〈어린 왕자〉 중에서 제가 좋아하는 글귀가 있습니다.

> "세상에서 가장 어려운 일이 뭔지 아니?"
>
> "흠…. 글쎄요. 돈 버는 일? 밥 먹는 일?"
>
> "세상에서 가장 어려운 일은…. 사람이 사람의 마음을 얻는 일이란다. 각각의 얼굴만큼 다양한 각양각색의 마음에서, 순간순간에도 수만 가지의 생각이 떠오르는데, 그 바람 같은 마음을 머물게 한다는 건 정말 어려운 거란다."
>
> 생텍쥐페리의 〈어린 왕자〉 중에서

누군가의 마음을 얻는 일은 가장 먼저 그를 이해함으로써 시작됩니다. 그를 이해하려면 그가 어떠한 사람인지를 알아야 합니다. 아이들도 마찬가지입니다.

저는 올해 하루에 한 명씩 유심히 바라보며 아이가 어떤 사람인지 알아보고 이해해 보려 합니다. 저의 진지한 생각과 솔직한 감정을 표현함으로써 아이들의 마음을 얻고 싶습니다.

세상에서 가장 어려운 일을 마음 다해 시도해 보고, 우준이가 쓴 문구처럼 '내가 좋아하는 아이들이 나를 좋아해 주는 기적'을 꼭 이뤄보고 싶습니다.

교실 속 숨은 보물찾기

◆ 03 화를 잘 참는다 VS 화가 난 상황과 그때 일어난 감정과 바람을 잘 표현한다!

우준이는 오늘 두룹 선생과의 대결에서 승리를 거두었습니다. 굉장히 미각이 뛰어난 우준이. 음식에 관한 생각과 평가가 소신 있는 반면에 새로운 음식에 대한 거부감이 있어 조금씩 조금씩 도전하여 미각적 풍부함을 경험하도록 지도하고 있습니다.

어제 도덕 시간에는 우준이의 장점 50가지 발표내용을 들으며 생각난 부분을 공유합니다.

50가지 중 하나. '화를 잘 참는다.'입니다. 저는 발표를 듣다가 우준이에게 되물었습니다.

"우준아, 화를 참는 행동을 떠올려 봐. 긍정적이야? 부정적이야?"

"(살짝 눈치를 보며) 아~! 다시 생각해보니 반반인 것 같아요."

"왜? 반반이야?"

"그때 일단 참으면 버릇없는 행동이 일어나지 않는 것은 긍정적이고, 참은 화가 쌓이면 스트레스가 되어 나를 아프게 하는 것은 부정적이에요."

머리가 똑똑하고 예의 바른 우준이입니다. 저는 부족한 생각일 수 있지만 마음을 담아 이렇게 말해주었습니다.

"그렇구나. 그런데 화를 참기만 하는 것은 상대에 대한 예의랑은 좀 다른 문제라고 생각해. 예의 차린다고 화를 참으면 갈등 상황을 해결하기보단 쉽게 피해지기 마련이거든. 생각하는 힘을 길러서, 또 정확한 지금의 감정 상태를 표현하며 용기 있게 한 마디를 더 할 수 있는 것. 그게 화를 참지 않고 클리어하게 해결하는 방법이라고 생각해. 우리가 교실에서 실천하고 있는 '나 전달법'처럼 말이야!"

그리고 또 물어보았어요.

"우준아, 화를 참으면 화가 바로 사라지니?"

"그렇진 않은데. 참았다가 나중에 집에 가서 음악 소리 크게 틀어놓고 노래 부르면 그때 풀려요."

"정말? 선생님도 음악 틀어놓고 큰 소리로 노래 부르면 속이 뻥 뚫린 듯 참 좋아. 근데 우준아. 화가 났던 상황이 며칠 뒤 똑같이 다시 온다면 그 화가 정말 사라져 있을까?"

"아니요."

화가 난 원인에서 그 해결책을 찾지 않으면 해결되지 않고 원인이 된 상황을 또 불러와 자꾸 쌓여만 갑니다.

학급훈육법 중 '화가 나면 침묵하라.'라는 말을 많은 교육학자들이 이야기하곤 합니다. 침묵은 참는 것이 아닙니다. 잠시 멈추며 돌아보는 것을 의미합니다. 잠깐의 침묵 시간을 통해 잘못된 생각과 감정을 긍정적으로 변화시키는 것이 목표이지요.

우준이는 표현하기를 정말 좋아해요. 재잘재잘 말하는 것을 무척 좋아하는데 어느 때부터인지 점점 주변 어른들의 눈치를 보고, 말수를 줄여가며 동등한 관계가 아닌 낮은 자세로 수비적이고 소극적 관계를 유지했을지도 모릅니다.

사람마다 선천적으로 표현하는 양이 다르다고 생각해요. 우준이는 대화하는 것을 통해 에너지를 얻고, 또 뛰어난 음악적 감수성이 있어 음악적으로 표현하는 것을 통해 에너지를 얻는 것 같아요.

화를 참아내는 절제력도 장점이 될 수 있지만, 화가 나면 상대방에게 명확한 생각으로 표현하는 것이 장점이 되는 우준이가 되길 바라며 오늘도 우준이와 함께합니다.

오늘도 고생 많으시겠어요! 오늘도 사랑하는 막내아들과 밝은 대화 나누면서 파이팅하세요!

🔹 '나 전달법'

'사실-감정-바람' 이 세 단계를 솔직 명확하게 상대에게 전할 수 있다면 '화를 참는 일은 안 일어나지 않을까?' 생각해보며, 무수히 화를 내었던 교실 속 제 모습을 반성하는 시간입니다.

◆ 04 적극성과 텐션 뿜뿜!

　　　　댁에서도 요즘 참 바쁘시죠? 바쁘게 일상을 보내다 이제서야 메시지 보내드리네요. 오늘은 우리 우준이 칭찬할 점 두 가지 보내드려요.

　먼저, 첫 번째로 '적극성'입니다. 다음 주에 올해 첫 자치 활동 행사가 있는데 전교 임원 3명을 제외하고 1명이 체험 부스를 운영해야 할 상황이 생겼어요. 도움 줄 친구를 찾는데, 쭈뼛대거나 이것저것 재는 것 없이 번쩍 손을 들어 봉사하겠다고 하더군요. 7명 정도 되는 후배들에게 활동을 가르쳐주는 역할을 어려움 없이 선뜻 하겠다고 하는 모습을 보며 우준이가 부쩍 커 보이고 참 듬직했어요.

　'학교 구성 성비가 여학생이 많다 보니 전교 임원이 모두 여학생이 될 확률이 높았을 것이다.'라고 제 나름대로 추측하지만 우리 우준이가 전교 임원이었어도 참 성실히, 밝게 잘했겠다 싶었답니다.

　두 번째는 '텐션'입니다. 참 얌전하게 생겼는데 음악을 정말 즐길 줄 아는 우준이에요. 점심시간에는 영어 체험실에서 브레이브걸스의 '롤린' 댄스를 추고, 색소폰 방과 후 수업 시간을 참 좋아한답니다.

　집에 오랫동안 처박혀 있던 우리 집 기타가 생각나며, '교실에서 아이들과 함께 음악 활동해 볼까?'하는 생각도 들게 만드는 우리 우준이. 즐거운 에너지 잘 뿜어내며 친구들을 즐겁게 해주는 텐션 UP! 우준이를 칭찬합니다. 이번 한 주도 행복하시길 기원합니다.

🖊 '선뜻 나서지 못하고, 즐길 줄을 모른다.'

이렇게 반대로 표현해 보면 왜 위 내용이 우준이의 장점이 되는지 확실하게
알 수 있었습니다. 적극적으로 나서고 즐길 줄 아는 우준이의 모습은 어떤
보물과도 비교할 수 없습니다.

✦ 05 성실함과 탈권위주의적 태도!

　　　　　오늘은 아이들이 열심히 준비한 '글로벌하게 놀아보자!' 자율 자치 행사 날이었어요.

대한민국, 중국, 베트남, 일본 네 나라의 전통 민속놀이를 스스로 만들어보고, 여러 미션 활동을 통해 각 나라의 간식을 가져가는 활동이었는데, 우준이는 대한민국의 전통 놀이 '투호' 부스에서 선생님 역할을 하였답니다. 투호를 직접 쉽게 만드는 방법을 연구해보고, 한국을 대표하는 노래도 선정해보고, 집에서 가져온 태극기와 디자인자료를 가지고 부스를 꾸미며 전교생 아이들에게 재미있고, 유익한 시간을 만들어 주었답니다.

오늘 우준이가 가지고 있는 두 가지 보물을 찾아 공유합니다.

먼저, 우준이의 '성실함'이에요. 우준이는 참 성실하게 모든 활동에 임합니다. 짜증 내는 모습을 전혀 볼 수가 없어요. (혹여 꾹꾹 참았다가 나중에 집에 가서 음악을 크게 틀어놓고 노래를 따라 부르며 스트레스 풀고 있을지 모르겠네요.)

재능이 있어도 성실한 자세가 없다면 말짱 도루묵이지요. 묵묵히 주어진 활동에 임하는 우준이의 성품. 빛나는 보석과도 같습니다.

두 번째, 우준이의 '탈권위주의적 태도'입니다. 어른들의 말을 잘 듣는 아이들은 보상심리가 있을 수 있어요. 어른들의 칭찬을 많이 받고 싶다든지 본인이 감당한 똑같은 패턴으로 하급생을 가르치려 든다든지 말이에요. 우준이의 경우, 관계하는 사람에 대하여 수용·존중의 태도는 있지만 권위주의적 태도가 보이지 않아요. 그만큼 해야 할 일에 대한 부정적·공격적 심리가 없다는 것으로 전 판단한답니다.

심리적으로 아주 안정적으로 크고 있다는 증거이고, 권위주의적인 모습에서 탈피한 미래 민주시민 역량을 잘 지니고 있다고 생각해요.

우준이의 가족 공동체, 그동안 우준이를 지도한 많은 선생님, 우준이의 친구들과 함께 만들어 나간 우준이의 빛나는 모습들입니다.

기대됩니다. 우준이의 한 뼘 더 한 뼘 더 성장한 모습들.

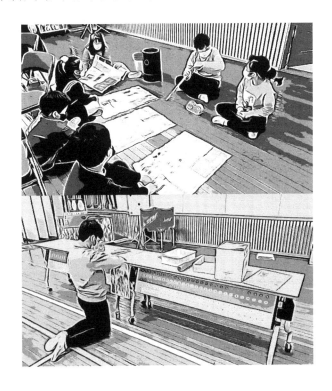

● '교수님 너무 꼰대 같으세요!'

2017년, 대학원 지도교수님들의 추천으로 모교 대학의 강단에 선 적이 있었는데 마지막 학기 강의평가 설문란에 한 명의 학생이 저에게 써 준 말입니다. 30대의 저에겐 아주 큰 충격으로 다가왔습니다.

꼰대. '권위주의적인 사고를 하는 어른이나 선생님'을 비하하는 학생들의 은어로, 최근에는 기성세대 중 자기 경험을 일반화해서 자신보다 지위가 낮거나 나이가 어린 사람에게 일방적으로 강요하는, 이른바 '꼰대질을 하는 사람'을 가리키는 의미로도 사용되고 있습니다.

'난 수직적인 조직문화를 추구하고, 권위를 내세우는 사람일까?'

자신이 보는 '나'와 타인이 보는 '나'가 다를 땐 대부분 타인이 보는 것이 정확할 때가 많다고 생각합니다. 수업을 돌아보면 쌍방향 소통보다는 일방적으로 이야기하는 경우가 많았고, 같이 배우고 성장하기보다는 '나의 말이 무조건 옳은 것'이라며 강요하고 가르치려 들었습니다.

우준이의 자율 자치 활동 속 선생님의 역할을 다시 되돌아보며 교사의 역할과 지도성에 대하여 많은 생각을 하게 됩니다.

♦ 06 감각과 경험!

우준이 눈을 보면 참 맑고 예뻐요. 오늘 아침 시간 우준이 눈을 바라보며 예쁜 꽃을 보듯 기분이 좋아졌답니다. 3, 4교시 과학 전담 수업을 마치고 점심시간. 교실에 들어서며 우준이가 하는 말은 바로

"킁킁! 훈제오리 냄새가 나는걸?"입니다.

우준이는 평소에도 여러 냄새에 민감하게 반응하곤 하는데 특히 음식 냄새에 주의 깊게 집중한답니다.

우준이는 평소 급식 시간에 싫어하는 음식이 나오면 거부하는 모습이 가끔 보여요. 냄새도 다시 맡아보고, 이리저리 살펴도 보고, 살짝 입에 대어도 보고. 그래도 워낙 준수한 성품 탓에 꾹 참고 다 먹지요.

어머님께서도 균형 잡힌 식습관에 대하여 고민이 있으실 것 같은데 오늘 제가 드리는 칭찬은 이와는 좀 다른 측면에서 살펴보고 싶어요.

균형 잡힌 식습관과 올바른 영양소 섭취는 매우 중요하죠. 그래서 선생님들은 점심 식사 시간도 수업이라 생각하며 급식 지도를 합니다.

저는 급식 지도의 목적을 '기호'의 문제가 아닌 '경험'의 문제로 보고 접근합니다. '싫어하는 음식을 좋아하게 만든다.'가 아닌 '여러 음식을 먹어보는 경험을 늘려야 한다.'와 같이 말이죠.

기호를 강요할 순 없다고 생각해요. 우준이는 음식을 평가할 때 '그냥 대충'이 아니라 '특별히 명확한 이유'가 있어요. 그만큼 음식 하나하

나를 대하는 방법과 태도가 여타 다른 학생들에 비해 훨씬 섬세해요.

이렇게 음식을 대하는 감각적 태도가 뛰어난 우준이에게 '음식의 기호도가 음식마다 다른 것은 아직은 경험의 문제가 크다.'라는 생각을 했답니다.

우준이는 더 다양한 경험이 필요합니다. 거기에다 섭취하는 음식에 대한 자세한 안내와 지도가 덧붙여진다면 취향에 맞는 음식들이 점점 늘어날 거로 생각합니다.

서상의 대장금 김우준!
서상의 최고 맛집 아들 김우준!

늦은 밤. 부족한 메시지를 보내드림에 죄송합니다. 오늘 하루도 수고 많으셨어요, 어머님.

📖 '세상과의 다양한 만남을 경험하여 이해의 폭을 넓혀라!'

모든 사람은 자신이 살아온 세월 속에서의 경험을 바탕으로 세상을 이해합니다.

앞서 언급한 '꼰대'라는 말은 더 이상 외부의 자극을 수용하지 않고, 기존의 생각만으로 단단한 사람을 의미하는 것이 아닐까? 다시 한번 더 생각해 보게 됩니다. 아이들이 꼰대가 될 일은 없을 것같습니다. 왜냐하면 아이들은 자신이 겪게 되는 다양한 경험에 대하여 훨씬 유연하게 생각하고 이해하여 받아들이기 때문이지요.

'삶으로 가르치는 것만 남는다.'라는 말이 있습니다. 아이들에게 제가 가진 꼰대적 지식을 주입하는 것이 아니라 살아 움직이는 세상의 많은 것을 함께! 경험하고, 함께! 이해의 폭을 넓혀가는 것이 저의 역할이란 생각이 듭니다.

교실 속 숨은 보물찾기

♦ 07 우준이의 꿈

오랜만에 화창한 날씨네요. 저번 주 금요일엔 '나의 꿈 발표회'가 있었어요. 우준이는 나의 꿈에 무엇을 적었을까요?

우준이의 요즘 꿈은 바로 '여행가'였습니다. 가보고 싶은 곳은 '하와이', 파리의 '에펠탑'을 꼭 보고 싶다는 우준이입니다.

제가 짓궂게 물어봅니다. "여행가가 되는 건 좋은데 여행 경비는 어떻게 할래?" 우준이는 당황한 듯 멈칫하며 그저 웃습니다. 나중에는 여행 중 여행 가이드를 하거나 여행 후기를 사람들에게 공유하여 돈을 벌어 보겠다고 말하게 되었답니다.

이야기를 주고받다가 불현듯 학기 초 우준이에게 들은 말이 기억났어요. 바로 '여행을 가고 싶다.'였습니다. 집이 식당을 하다 보니 자유롭게 가족끼리 여행 다니는 것도 제한될 테니 집을 떠나 좀 더 자유로운 시간을 만끽하고 싶었겠죠.

어머님 입장에는 속이 상할 부분일 수 있지만 제가 느끼기에는 여행 못 다니는 것이 한스럽다기보다는 아이처럼 가볍게 "아~! 새로운 곳으로 놀러 가고 싶다!"로 들렸어요.

이런 아쉬움과 '하고 싶은' 소망들이 하나둘씩 쌓이고, 성인이 되어 여행을 다닐 때, 그 기쁨은 훨씬 배가 되어 돌아오지 않을까? 싶습니다. 더불어 어른이 될 때까지 기다리는 시간을 좀 더 의미 있게 지내는 방법은 무엇이 있을까? 생각해 봅니다.

　여행과 관련한 재미있는 책도 찾아 읽어보고, 여행에 대한 구체적인 계획(가고 싶은 여행 장소, 여행코스, 숙식 방법, 예상되는 여행경비 등)을 함께 찾아보고 꾸준히 이야기 나눠보는 것도 좋을 것 같아요. 우준이 방에 가고 싶은 여행 장소 사진을 멋진 액자에 걸어 두는 것도, '여행 통장'을 만들어 스스로 저축해보는 시간을 갖는 것도 참 좋을 것 같고요.

　자유롭게 전국, 세계 곳곳을 여행하며 즐거움을 만끽하는 우준이의 모습을 그려보며 미소 짓는 하루입니다.

교실 속 숨은 보물찾기

🎯 '여행의 의미'

초등학교 사회 교육과정에서는 학년이 올라갈수록 공간적 범위와 시간적 범위를 조금씩 확장해 나갑니다. 우리가 사는 마을, 지역사회, 국가, 세계로 배움의 공간을 넓혀 나가고, 배움의 지리적 공간 속에서 과거·현재·미래의 사회 현상과 문제를 파악하게 됩니다.

그런데 아이들은 교실 속 사회 수업을 매우 지겨워합니다. 학년이 올라갈수록 자신이 살아가는 세상이 공간적·시간적으로 확장되어야 하는데, 막상 현실은 '지금!' '교실 안에!' 국한되어 있기 때문입니다.

여행! '다양한 장소'로 떠나는 여행에는 살아있는 배움이 있습니다. 현재 여행 장소뿐만 아니라 '갔었던', '가고 싶은' 여행 속에도 두고두고 살아 움직이는 배움이 있습니다.

그리고 매우 중요한 한 가지! 사랑하는 사람과 함께라면 더욱 의미 있고 즐거운 배움이 되겠죠.

코로나의 발현과 확산으로 2년 동안 전 세계가 꽁꽁 발이 묶여 있습니다. 아이들의 배움의 기회가 더 이상 빼앗겨지지 않기를 기도하고 기도합니다. 코로나 시대를 살아가는 우리 아이들에게 여행을 통해 얻는 배움의 공백을 어떻게 채워 주어야 할지 고민해 보는 요즘입니다.

✦ 08　풍류와 유유자적을 아는 우리 김 도령님!

　　날씨가 오락가락 참 유별난 날이네요.

　이번 학기에 학년별로 '동화책 만들기' 프로젝트를 추진하게 되었어요. 나눔, 우정, 배려, 사랑, 자유 등 가치개념을 하나 선정하고, 선정한 가치와 관련한 그림책을 만들어보게 되었답니다.

　우리 6학년은 '행복'이란 가치를 선정하였어요.

　그래서 저번 주말에 '내가 행복할 때는 언제인가?' 과제를 내었지요. 오늘 6교시에 발표하는 시간을 가지며, 그중 가장 인상 깊은 2가지만 골라보라 했지요.

　우준이가 고른 2가지는 '날씨가 좋을 때', '편안히 누워있을 때' 였어요.

　먼저, 날씨가 좋을 때 행복하다는 우준이입니다. 평소 우준이의 하루 일과 소감문에 자주 등장하는 말이 바로 날씨였어요. '날씨가 더워서 기분이 별로였다.'라든지, '날씨가 맑아서 기분이 좋았다.'라든지 말이에요. 음악을 듣고, 부르고, 연주하는 것도 좋아하고, 음식을 맛보는 감각도 뛰어난 우준이. 감각적으로 세심한 부분이 참 많아요. 날씨를 느끼는 감정도 이와 마찬가지겠지요.

　두 번째, 편안히 누워있을 때 행복하다는 우준이입니다. 게으름으로 보일 수도 있지만 학교에서 누구보다 성실하게 생활하는 우준이를 비추어봤을 때 시간에 쫓기지 않고 주어진 시간을 편안하게 삶을 향유하는 모습으로 보이며 우준이의 넉넉한 품성을 한번 더 느끼게 되었습니다.

 풍류를 즐길 줄 알고, 유유자적할 줄 아는 우리 김 도령님. 우준이의 집안은 확실히 양반 집안이었던 게 분명합니다. 오늘도 우리 김 도령님과 행복한 하루 보내다 갑니다.

🖋 '우준이의 행복을 위해선 온 마을이 필요하다.'

우준이가 행복할 때의 두 가지 모습은 '지역사회의 자연환경 경관'과 '우준이 부모님께서 운영하시는 식당의 이름'을 함께 떠올리게 합니다. 이는 아이들의 성장 과정에서 환경이 얼마나 중요한 것인지를 되새기게 합니다.

우준이의 마을에 자리 잡은 '화림동 계곡'은 해발 1,508m의 남덕유산에서 발원한 금천(남강의 상류)이 서상-서하-안의면을 장장 60리에 이르러 흘러내리면서 빼어난 경관을 자랑합니다.

또한 '좌안동 우함양'이라 불릴 정도로 조선 시대 선비 문화의 본산이기도 한 이곳 함양군의 '화림동 계곡'엔 아름다운 '정자(亭子)'들이 가득하지요.

아름다운 계속과 그 속에 자연스레 자리 잡은 정자. 그곳에 앉아 세상을 바라보면 왜 이곳에서 옛 선비들이 만나고, 시를 짓고, 풍류를 읊었는지 대번에 알 수 있지요.

또한 우리 지역의 여행 명소 중 하나인 이곳에서 우준이 부모님께서는 화림동 계곡의 이름을 딴 서상 최고의 맛집을 운영 중이시고요.

우연이 아닐 겁니다. 현재의 삶은 사람 혼자 만들어낸 것이 아니기 때문입니다. '한 아이를 키우려면 온 마을이 필요하다.'라는 말이 있듯이 우준이의 행복을 위해선 온 마을이 필요합니다. 우준이 행복의 토대는 가정과 지역의 환경·문화에서 나오는 것이라고 생각합니다.

✦ 09 선행(先行)과 선행(善行)

　　어린 시절 '무한도전'이라는 TV 프로그램을 참 많이 봤어요. 이 프로그램에서 무언가를 도전할 때 가장 먼저 도전하는 멤버는 바로 고유 명수 '박명수'였지요. 박명수의 어리숙한 선행(先行)은 큰 웃음을 선사해주고, 다른 멤버들의 도전을 좀 더 편하게 해주는 역할로 큰 사랑을 받았습니다.

　수업 시간에도 반드시 공부할 도전 과제가 있어요. 저는 그 과제를 안내하고 아이들에게 과제 실행을 위한 개인적인 시간을 줍니다. 그리고 나면 공부한 내용을 확인하거나 발표할 시간이 점점 다가오지요.

　"누가 먼저 해볼래?"

　아이들이 제 시선을 피하기 시작합니다.

　한 번 더 묻습니다.

　"틀렸다고 선생님이 너희들 잡아먹니? 부담 갖지 말고 편하게 발표해."

　그러면 1초도 지나지 않아 손을 번쩍 드는 어린이가 한 명 있습니다. 바로 김우준 어린이!

　"제가 한번 해보겠습니다!"

　우준이는 우렁찬 목소리로 용기를 냅니다.

　"역시 좋아! 우준이! 한 번 해봐."

1. 우준이가 발표합니다.

2. 우준이의 발표가 끝나면 저는 기다렸다는 듯이 부족한 부분, 수정해야 할 것을 거창히 늘어놓습니다.

3. 다른 아이들은 제 말을 듣고, 그새 수정할 부분을 고치기 시작하며 다음 발표를 이어갑니다.

4. 당연히 뒤로 갈수록 과제수행완성도가 높아집니다.

똑같은 형식으로 매일매일 이어지지만 우준이는 매일매일 누구보다 먼저 손을 듭니다!

"선생님! 제가 한번 해보겠습니다!"

우리 우준이 진짜 멋있지 않나요?

우준이의 행동에 자신감도 엿보이지만 저는 우준이의 선행(先行)이 선행(善行)으로 느껴져 참 뭉클하게 다가옵니다. 아무리 어려도 누구한테 지적받고 잔소리 듣는 게 얼마나 싫겠어요?

우준이는 다른 친구들도 자신과 같은 마음임을 알고, 또 답답해하는 저의 마음을 알고 따뜻이 품어주는 친구입니다. 이 글을 쓰면서도 우준이에게 더욱 고맙네요.

타인의 입장을 공감하고, 먼저 분위기를 유연하게 풀어내는 우준이의 선행(先行)과 선행(善行).

정말 보석 같은 마음가짐입니다.

귀하게 보존해야 할 천연기념물 같은 우리 우준이입니다.

⚫ '지금 내가 하는 행동은 미래의 나에게 반드시 영향을 미친다.'

우준이의 선행(先行)은 '할 수 있기 때문에 시작한 것'이 아니라 '시작했기 때문에 할 수 있는 것'이었습니다. 모든 '성공'은 '경험'을 통해 발현되고, '경험'은 의연하고 용기 있는 '시도' 속에서 나온다고 합니다. 우준이의 먼저 시도하는 행동 양식은 미래의 우준이에게 반드시 선한 영향력을 미칠 것이라고 믿습니다.

✦ 10 아이 콘택트(Eye Contact)와
아이 콘택트(Kid Contact)

　　열 번째 칭찬 문자네요. 벌써 이렇게 시간이 흘렀나 하는 아쉬움과 좀 더 마음 담아 아이들에게 관심하지 못한 지난 시간이 돌아봐지며, 더 이상 후회하지 않는 올해 교직 생활을 다짐해봅니다.

　　월요일 1교시 국어 수업. 속담과 관련한 수업을 진행하며 평소처럼 아무 말 대잔치가 벌어집니다.

　　그러다 공부와 관련한 질문을 던지는데 너무나도 자연스럽게 제가 우준이만 바라보고 있는 것이 느껴집니다.

　　'어? 내 시선에 좀 문제가 있나?' 생각이 들며,

　　"선생님이 계속 우준이 쪽만 쳐다보는 느낌이 들어. 우준이랑 준혁이랑 자리를 좀 바꿔볼래?"

　　아이들에게 제 느낌을 이야기하고, 우준이를 준혁이가 있던 자리로 이동시킵니다.

　　그러고 나서 다시 수업을 진행하는데, 다음 시간에도 또! 우준이 쪽만 바라보고 이야기하는 것 아니겠어요?

　　저번 주. 우준이의 선행(先行)이 많은 선행(善行)이 되고 있단 칭찬 문자가 생각나며,

　　'왜 이렇지? 발표를 먼저 하는 우준이에게 내가 부담을 주며 무의식

적으로 기대고 있나?'

'나머지 아이들에게 잘 시선이 잘 돌아가지 않은 이유가 뭐지?'

요리조리 생각에 잠기며 그 이유를 찾아봅니다.

의식적으로 시선을 돌려가며 수업을 진행해 보다가 '아! 이거였구나!' 하며 확실한 무언가를 알게 되었어요.

아이 콘택트(Eye Contact).

제가 수업을 진행하며 무언가 말을 하고 있을 때, 나머지 아이들은 저에게 시선을 두지 않고 고개를 숙여 책을 바라보고 있거나 다른 곳을 바라보고 있는 경우가 대부분이라면 우준이는 제 눈을 바라보며 수업을 듣고 있었어요.

'내가 바라고 원하는 것이 무엇인지 우준이가 다른 아이보다 먼저 알아챌 수밖에 없구나.'

말하는 사람에 오롯이 집중하며 관심하고, 그에 따라 자신의 입장을 내어놓는 우준이의 행동이 더욱 이해가 가는 순간이었답니다.

오늘 아침 수학 시간에는 그래프를 해석하는 내용을 공부했는데, '선생님께 들으면 기분 좋은 말'의 비율을 조사한 원그래프를 해석하게 되었어요. 수업 목표와는 다르지만, 아이들에게 물어보았지요.

"너희들은 선생님이 어떤 말을 했을 때 기분이 좋아?"라며 한 명씩 묻기 시작했습니다.

세 번째 우준이의 차례. 발표를 준비하는 우준이가 잠시 머뭇거리더니 이런 말을 하는 것 아니겠어요?

"전부 다 나를 쳐다보는 게 느껴지는걸?"

'진짜 내 생각이 맞는구나!' 느끼며, '그렇지. 우준이가 누구를 관심 있게 바라볼 줄 아니까 너를 바라보고 있는 사람들이 자연스레 잘 보이겠구나!' 생각이 들었답니다.

영어 수업 시간에 가장 많이 이야기하는 대화의 태도가 바로 아이 콘택트(Eye Contact). '눈 맞춤'입니다. 상대방의 눈을 마주 바라보고, 그렇게 함으로써 상대방에게 관심을 표현하는 일.

세상의 모든 일들은 '관계' 속에서 일어나고, 그 '관계' 상황 속에서 '희로애락'의 모든 감정이 일어난다고 생각해요. 결국 세상에 태어나 가장 먼저, 가장 중요하게 해야 할 것이 바로 나와 관계하는 모든 것에 오롯이 '관심'하는 것이 아닐까 생각해봅니다.

우준이의 아이 콘택트(Eye Contact)를 통해 교사로서 제 모습을 돌아보는 시간입니다.

'그저 자기중심적으로 일방적인 수업을 하며 아이들을 바라보고 있진 않은지….'

'아이들의 눈을 맞추며 아이들의 마음에 잘 가닿을 수 있게 오롯이 관심해야 하는 것이 바로 교사로서 가장 먼저, 가장 중요하게 실천해야 할 부분이 아닌지.' 머물러 봅니다.

우준이의 '아이 콘택트(Eye Contact)', 교사 윤상보의 '아이 콘택트(Kid Contact)'.

참 예쁜 우준이의 눈을 바라보며, 참 예쁜 우준이의 세상에 대한 정성 어린 관심을 바라보며, 오늘도 우준이에게 많은 것을 배우는 시간이었습니다.

교실 속 숨은 보물찾기

📝 '아이 콘택트(Kid Contact)'

아이에게 오롯이 집중하여 관심하고, 유심히 관찰하며, 그에 따라 교육적 관점과 철학을 내어 실천하는 삶을 저의 지향점으로 세우는 요즘입니다.

이제부터 아이 콘택트(Kid Contact)의 삶을 살아갈 수 있도록 앞으로 한 발짝씩 나아가려 합니다.

✦ 11   우쭐대지 않는 우리 우준이!

 개인적인 사정 때문에 저번 주에 보내드리질 못하고, 한 주를 걸러 칭찬 문자를 보내드려요. 죄송합니다.

 오늘 우준이의 칭찬할 점은 바로 '잘난 체하며 우쭐대지 않는 것'입니다.

 많은 아이는 자신이 잘한다고 믿는 부분이 있으면 자신의 장점이나 잘한 점을 쉽게 드러냅니다. 더 나아가 상대적으로 자신보다 못했다고 여겨지는 친구들에게 우쭐한 마음을 쉽게 표현하지요.

 수학 문제를 남들보다 먼저 정확히 풀었을 때.

 자신의 배경지식으로 사회 현상을 잘 이해했을 때.

 배구, 피구, 표적 놀이 등 체육 활동을 뛰어나게 잘하였을 때.

 연극무대에서 실감나게 연기를 잘하였을 때.

 글을 잘 읽거나, 또렷한 목소리로 발표를 잘하였을 때.

 코딩 프로그램을 잘 이해하고, 창의적인 아이디어로 작품을 잘 만들었을 때.

 가락과 박자에 잘 맞추어 맛깔나게 노래를 불렀을 때 등등.

 이렇게 잠깐만 생각해도 우준이가 잘하는 것이 참 많아요.

 하지만 우준이는 단 한 번도! 자신이 잘한 점을 남과 비교하며 깎아

교실 속 숨은 보물찾기

내리거나 우쭐대지 않습니다.

"얘들보다 빠르게 수학 문제를 잘 풀었는데?"
"난 이 사회 현상이 어떤 건지 잘 알지!"
"난 공도 잘 던지고, 서브도 잘하고, 골프도 잘하지!"
"나 최우수연기상 받은 어린이야. 이거 왜 이래?"
"이번 국어 시간에 지문(글)도 더 잘 읽고, 발표도 잘했는데?"
"내가 만든 엔트리(코딩) 작품이 더 신선하고, 재미있는걸?"
"이 노래만큼은 내가 더 잘 부르지!"

라고 하는 표현도, 그런 마음 내색도 전혀 비추지 않고! 묵묵하게 그 상황을 자연스럽게 넘어갑니다.

우쭐대는 것. 의기양양하여 자꾸 뽐내는 것.

우쭐대다 보면 자신이 멋지게 그려놓은 자기 모습에 도취 되어 상대의 모습을 낮추거나, 자신의 예상과 달리 부족한 모습이 한 번씩 드러날 때 쉽게 자책하는 상황이 생깁니다.
우리 우준이는 '우쭐'대지 않습니다. 주변의 친구들과 같은 위치에서 서로 존중하고 함께 어울리며, 자신의 성장점을 조용히, 성실히 이끌면서 자신이 잘한 점을 확대해석하지 않습니다.
글을 쓰며, 평소 우준이의 '흐흐흐' 웃음소리가 귓가에 맴돕니다. 자신이 이뤄나가는 성장의 과정을 차분히 진행시키며 편안한 에너지를 뽐어내는 우준이가 참 보기 좋습니다. 여러모로 인품이 참 좋은 아이예요.

쉽게 우쭐대는 평소의 제 모습도 함께 반성하며 오늘도 우준이에게 한 수 배웁니다.

🔹 'Pride의 한 끗 차이'

'Pride'란 단어는 '자신감'이란 의미도 있지만 '자만' 또는 '오만함'을 의미하기도 합니다. 이를 통해 자신감과 자만감은 한 끗 차이의 의미임을 알게 됩니다. '자신감을 불어넣는 교사의 한마디', '자만감을 일으키는 교사의 한마디'. 이 또한 한 끗 차이임을 되새겨보는 시간입니다.

교실 속 숨은 보물찾기

✦ 12 우쭐대는 선생님 때문에 미안해

지난주 어머님과 통화를 하고 며칠 동안 많은 생각에 잠겨 있었어요. 그동안 칭찬 문자를 통해 우준이의 현재 모습을 최대한 존중하고 사랑으로 관심하려 노력은 했지만, 어머니께서 걱정하시는 우준이의 부족한 부분에 대한 적극적인 도움은 부실하진 않았는가 돌아보는 시간이었습니다.

어머님과 통화를 하고, 다음 날 우준이와 두 가지 정도 이야기하는 시간을 가져봤어요.

'제가 보낸 칭찬 문자를 읽었을 때 우준이의 생각이나 느낌', '요즘 학교나 가정에서 짜증 나는 일이나 상황이 무엇이 있는지' 최대한 편안하게 물어보려 노력했지요.

첫 번째, '칭찬 문자를 받아보고 들었던 우준이의 생각이나 느낌'은 '내가 이런 아이였나?' 하는 갸우뚱이었다고 합니다.

연극 무대에서의 자신감

기억 속에 남을만한 좋은 글귀를 찾아내는 안목

제가 가진 고민을 유심히 바라보고 조언해주는 따뜻함

미각의 뛰어남

'표현하기'로 부정적 감정 에너지를 해소하는 성향과 지혜

활동의 적극성과 음악을 대하는 긍정적 에너지

활동에 대해 성실함과 후배들을 대하는 '탈권위주의적 태도'

경험을 통해 풍부한 식습관을 쌓아가는 상황과 우준이의 음식에 대한 감각적인 태도

자유로운 여행가가 되고 싶은 우준이의 꿈과 이유

우준이가 가장 행복한 순간들

우준이의 먼저 앞장서서 하는 행동에서 나오는 장점들

상대방의 눈을 마주 바라보며 상대에게 관심을 표현하는 모습

잘하는 모습이 있어도 우쭐대지 않고 조용히, 성실히 자신의 성장점을 받아들이는 모습

다시 그동안 보내드렸던 우준이에 대한 저의 생각과 평가를 돌아보며 재차 자신에게 물어봅니다.

'정말? 우준이가 그런 아이라고 믿니?'

대답은 아무리 생각해도 "그렇다."입니다.

'그럼 무엇이 우준이에게 저의 칭찬이 갸우뚱하게 했을까?' 찾아보며 나름의 답을 찾아갑니다.

제가 찾은 답은 바로 '글의 표현이 너무 자기중심적이구나.'라는 것이었습니다.

처음에 담백하게 사실과 경험 위주로 써 내려간 글이 어느새 시간이 지나며 '읽고 있는 사람 중심'에 가지 않고, '쓰고 있는 제 중심'에 마음의 에너지가 가고 있었다는 것입니다.

'우준이는 참 이런 아이야!'보다는 '나 이렇게 아이를 잘 봐주는 좋은 선생님이야!'라고 말이죠.

어머님의 통화로 시작하여 우준이와의 이야기 속에서 배우게 되는 점이 참 많아 감사했답니다. 다시 배워 새롭게 시작할 수 있는 반성과 성찰의 시간이 된 듯 참 좋았답니다.

두 번째는 '요즘 학교나 가정에서 짜증 나는 일이나 상황이 무엇이 있는지' 물어봤어요.

아이들에게 짜증 나는 상황이 나오는 건 대부분 자유롭지 못하고, 눈치 보이거나 억압적인 환경에 직면했을 때 나오니까요. 먼저 집에서의 생활을 물어봤어요. 가족들과 관계도 참 괜찮아 보였어요. 친구들과의 생활을 물어봤어요. 전혀 No Problem!

"일과 중에 가장 우준이를 짜증 나게 하거나 힘들게 하는 사람이나 상황이 뭐가 있어?"

"…"

대답이 없어요.

점점 분위기가 싸하게 느껴지며 다시 묻습니다.

"설마… 나?"

우준이는 미세하게 움직이며 미안한 듯 고개를 끄덕입니다.

"선생님이 너를 힘들게 하나 보구나. 뭐가 힘들어? 선생님한테 알려줄래? 알아야 선생님도 고치지."

조심스레 입을 떼며,

"작년보단 재밌긴 한데, 수업 시간에 선생님 말씀이 너무 많으세요.

그래서 듣기가 힘들어요."

"그랬구나. 선생님이 우준이를 가장 힘들게 했다니 참 미안하네. 선생님도 수업 시간에 너무 말이 너무 많아지는 게 느껴지는데 수업하다 보면 도대체가 멈춰지질 않네. 진짜 선생님도 말수를 줄이려 노력해볼게~"

칭찬 문자처럼 수업도 마찬가지였어요. '수업의 진행도 너무 자기중심적이구나.'라는 것을요.

처음 3월에 아이들을 만났을 땐 질문도 많이 하고, 능동적으로 과제를 해결할 수 있도록 했었어요. 하지만 제가 원하는 수준까지 올라오지 않고 시간이 너무나도 많이 걸려 답답하고, 진도가 안 나가다 보니 어느새 '수준에 맞게 유익하게 배우고 있는 학생 중심 수업'이 아닌, '나 아이들에게 많은 것을 알려주는 선생님이야!' 하며, '스스로에게만 만족스럽게 일방적으로 가르치고 있는 교사 중심 수업'이 되고 있었지요.

얼마나 우준이가 수업을 듣기 힘들었을까 충분히 이해하며 아직도 말이 많긴 하지만 우준이 말 떠올리며 최대한 정돈되게 효율적으로 말해보려 노력하고 있답니다.

오늘도 어김없이 글이 너무 길었네요. 부담되지 않으실까 머물러지는 시간입니다.

아! 하지만 그래도 하나 더요! 오늘 우준이가 점심 급식 시간에 먼저 받아든 돈가스를 가리키고 먹으며,

"선생님~ 이건 정~~말 사랑스러운 맛이에요!" 하며 눈이 반짝반짝합니다. 생전 처음 듣는 느낌 표현이라 놀랐답니다.

영양사 선생님께 바로 이 말을 전달해 드렸더니 참 참신한 표현이라

며 웃으십니다. 그리고는 갑자기 뭐가 생각나셨는지 열무김치를 가리키
며, "그럼 이건 얄미운 맛이냐고 물어봐 주세요!"

우준이의 참신한 맛 표현으로 급식소에 계신 많은 분이 떠들썩하게
웃게 되는 하루였답니다.

🖊 '나 중심에서 벗어나기'

칭찬 문자에 '너희는 참 좋은 아이들이야!'라고 말하지만 결국 '나는 참 좋은
선생님이야!'라고 내세우는 시간이었던 것 같습니다. '나' 중심에서 벗어나 오
롯이 '상대' 중심에서 머무는 삶. 저의 가장 큰 과제이지 않을까 생각합니다.

칭찬 문자를 시작할 때도.
수업을 진행할 때도.

제가 임하는 의도들은 스스로 떳떳하고 긍정적입니다. 하지만 표현하고 행
동하는 에너지가 너무 자기중심적으로 발산된다면 이를 받아들이는 학생과
학부모님의 입장에서는 의도와 다르게 접수될 수도 있다라는 점을 크게 깨
닫는 시간이었습니다.

*칭찬의 내용은 나의 해석보다는 실제 사실관계 위주로!
*성장에 필요한 부분/과제까지 생각하여 표현하면 더 좋고!
*수업은 '학습 내용을 알고 있는 나의 입장'이 아닌 '받아들이는 아이들의
수준'을 잘 살펴보고 임팩트있게! 콤팩트하게!
*수업의 주인은 아이들. 아이들이 자유롭게, 적극적으로 표현할 수 있는 수
업환경을 만들어 주기!

✦ 13 음식을 통해 표현되는 감정과 생각의 고리들

잘 지내셨나요?

어찌 오늘도 우준이 칭찬을 음식과 관련하여 말씀드리게 되네요. 우리 우준이는 학교에서 평소 감정이나 생각을 잘 표현하는 편은 아니에요. 가장 뇌리에 꽂히게 자신의 '감정'이나 '생각'을 표현할 때가 있는데 아시다시피 '음식'과 관련이 되었을 때죠.

〈먼저 감정!〉

요즘 치아 교정을 해서 점심 급식 먹을 때 참 불편해 보여요. 살도 6kg이나 빠졌다 하고. 바라보며 참 안쓰럽습니다. 그런데도 우준이는 불편함을 잘 드러내지 않고 묵묵히 점심을 먹지요.

불편함도 크게 짜증 내지 않고 잘 감당해내는 우준이. 하지만 자신의 입맛과 맞지 않는 음식(어제는 생양파 절임)을 대할 때는 자연스럽게 자신의 감정을 드러내지요.

그럴 때마다 오히려 저는 아이답게 자신의 감성을 있는 그대로 표현하는 우준이가 참! 고맙게 느껴집니다. 함께 6학년 생활하며 좀 더 솔직하게, 자연스럽게 교류할 수 있는 시간이 생기기를. 우준이가 쫑알쫑알 천진하게 저에게 감정을 표현하는 순간이 왔으면 좋겠다는 생각을

교실 속 숨은 보물찾기

이번 학기 들어 참 많이 했답니다.

〈다음은 생각!〉

어제 영어 수업 시간에 있었던 일이에요. 한 학생이 한 나라를 떠올릴 수 있는 이미지를 칠판에 그려 보여주고, 다른 친구들이 나라의 이름을 영어로 맞추는 활동을 했는데 우준이는 나라의 대표 이미지를 '음식'으로 표현하더라고요. 일본을 생각하며 '초밥'을 그리고, 네팔을 생각하며 '만두'를 그렸어요(네팔의 수도가 카트만두라고 만두를 그려내는 센스!).

음식을 활용하여 자신의 배움 과정을 연결하는 우준이의 생각 고리들을 바라보며 '아하!' 하는 부분이 있었어요.

사람들마다 자신의 감정이나 생각을 표현하는 수단이나 방식이 다르다는 것을요.

어떤 사람은 글로, 어떤 사람은 그림으로, 어떤 사람은 운동으로, 어떤 사람은 음악으로, 어떤 사람은 숫자로, 자신만의 표현 방식으로 다채롭게·깊게·자유롭게 자신을 표현하지요.

음식으로 확장되는 감정 노출과 생각 표현. 우준이에겐 음식이라는 개념이 배움에 있어 좋은 열쇠 중 하나라는 생각이 듭니다.

음식을 매개로 한 여러 수업을 떠올리며.

음식을 소재로 한 여러 대화 상황을 생각하며.

우준이와 좀 더 자유롭게 감정을 나누고 지혜롭게 생각을 늘리는 시간이 되길 기도해봅니다.

🏷 '나의 감정과 생각을 효과적으로 표현하려면?'

운동선수는 신체의 움직임으로써, 문학가는 글을 씀으로써, 가수는 노래를 부름으로써, 연주가는 악기를 연주함으로써, 요리사는 음식을 요리함으로써 자신의 존재감을 살리고 세상을 향해, 세상을 위해 자신의 기량을 마음껏 뽐냅니다.

나의 장점을 활용한 독창적이고 창의적 표현법! '의사 표현 능력이 곧 자신의 역량표현'임을 생각해보며, 평소 우준이의 말과 행동에 귀 기울여 봅니다.

★ 부모님이 찾은 우준이의 보물 ★

 우리 우준이는요. (Feat. 엄마)

❶ 애교가 많아요.

❷ 웃는 게 예뻐요.

❸ 엄마 심부름을 잘해요.

❹ 시간 약속을 잘 지켜요.

❺ 엄마와 항상 의논하고 이야기를 많이 나눠요.

❻ 엄마, 아빠 걱정을 많이 해줘요.

❼ 항상 자신감이 넘쳐요.

❽ 이야기할 때 재미있게 해요.

❾ 에너지가 많은 씩씩한 남자 아이예요.

❿ 외모도 준수하고, 기초도 되어 있다고 자아도취(?)에 빠져있는 멋진
아이입니다.

우리 우준이는요. (Feat. 아빠)

❶ 식사를 잘하고, 맛있게 잘 먹습니다.

❷ 운동을 즐겨 하고, 활동력이 좋습니다.

❸ 누나와 관계가 좋습니다.

❹ 농담을 잘하고 코믹합니다.

❺ 약속과 시간을 지키기 위해 노력합니다.

❻ 어떤 일이든 자신감이 넘칩니다.

❼ 형들과 친밀감이 좋습니다.

❽ 남을 배려하고, 존중합니다.

❾ 겁은 많으나 피하지 않습니다.

❿ 다른 사람에게 피해를 주지 않으려 노력합니다.

다인이의
숨은 보물찾기!

✦ 01 오늘은 연극 수업이 있는 날!

　　대본을 만드는 작업에 다인이가 대표가 되어 한 꼭지씩 써 내려간 내용들을 발표하는데 그 모습 속에서 자신감도 높아 보이고 내용도 좋고! 참 보기 좋았답니다. 점심시간에는 역도 연습을 했는데, 겁이 나 못하던 자세를 금방 고쳐나가네요. 역도 역량이 중요한 것보다는 두려운 무언가를 의지 내어 시도하고 해결하는 자세가 참 뭉클하니 예뻤답니다.

　　　　　　　　　　　　　　　　　　　　교실 속 숨은 보물찾기

📝 '야! 빨리 좀 와!' vs '우리 같이 가보자!'

요즘 눈물 나게 감사한 부분이 두 가지 있습니다.

아이들이 자기 삶 속에서 그들만의 방식으로 한 뼘, 한 뼘씩 성장하고 있는 과정이 조금씩 눈에 보인다는 것입니다.

도착점에 팔짱 끼고 서서 저 멀리 있는 아이들에게 빨리 달리도록 재촉하지 않고, 저도 아이들의 출발점에 같이 서서 함께 달리고 있다는 것입니다.

다인이와 함께하는 행복한 수요일입니다.

이번 주 월요일은 전교 조회가 있는 날이었어요. 올해는 다인이 덕분에 애국가 지휘도, 교가 피아노 반주도 라이브로 직접 보고 들을 수 있었어요. 다인이의 음악, 미술에 대한 예술적 감수성과 재능은 우리 학교 학생들, 선생님들 사이에서 아주 유명하죠. 다인이도 그런 자기 모습을 잘 알고 있는 것 같고요.

아이들이 가진 장점을 살리고 더욱 키우는 것이 가장 우선적이고, 효과적인 교육 방법임을 한 번 더 느끼는 시간입니다. 좋아하고 잘하는 것을 하면 자신감('난 할 수 있어!'와 같은 자기 능력에 대한 믿음)이 생기지요. 자신감이 높아지면 자신에 대한 믿음이 쌓이고 쌓여 '난 사랑받을 만한 가치가 있는 소중한 존재야.'라는 자존감 형성에 큰 영향을 미치게 됩니다. 이는 결국 자신의 역량을 키우고 행복한 마음을 확장하는 데에도 큰 도움이 되지요.

자신의 재능을 교육공동체 일원들과 함께 나누는 다인이의 모습을 떠올리며 '맞아, 시작점은 바로 무수히 많은 자신의 장점을 잘 찾아보는 거야.'라고 되뇌는 시간입니다.

📘 '헬렌 켈러가 생각하는 자신의 장점은 몇 가지나 될까요?'

들을 수도, 볼 수도, 말할 수도 없었던 헬렌 켈러. 헬렌 켈러는 자신이 가진 장점을 3,000가지나 찾아내었다고 합니다. 무려 3,000가지나 말이죠! 저는 들을 수도, 볼 수도, 말할 수도 있으니 최소 3,003가지는 되지 않을까요? 행복의 시작점은 장점을 '만들어 내는 것'이 아니라 가지고 있는 장점을 '찾는 것'에서부터라는 생각이 듭니다.

✦ 03 연극과 역도에 임하는 다인이의 자세

　　　오늘은 다인이가 울었어요. 연극 대본을 쓰는 대표 학생으로서 심적 부담이 컸던 것 같아요. 함께 이야기할 시간을 가지려 했는데 이리저리 업무와 회의로 불려 다니다가 타이밍을 놓쳤네요. 일을 마치고 교실에 들어왔더니 언제 그랬냐는 듯 노트북을 켜고 연극 대본 만드는 일에 진지하게 몰두하는 다인이. 스스로 감정을 통제하며 자신의 역량을 성장시켜나가는 순간을 보고 있으니 다인이가 임하는 자세에 울컥 뭉클하였답니다.

　오후에는 저와 함께 역도 훈련을 했어요. 인근 마을에 전문 강사님이 계셔서 수요일마다 부탁을 드리는데, 아이들은 오며 가며 제 차 타는 시간을 무척 좋아해요. 여행 가는 마냥 신나 하는 아이들의 순수한 모습에 저도 피로가 싹 풀린답니다. 훈련 중에 다인이의 역도 자세가 제일 좋다는 강사님의 말씀을 듣고 다인이가 큰 자신감을 얻는 순간이었어요.

　코로나 때문에 대회가 취소되기 직전 상황이지만 대회 참여보다 지금의 배움이 삶에 큰 영양분이 될 듯하여 밀고 나가고 있답니다.

　다인이의 오늘. 성장과 플러스만 있었다고 생각합니다. 내일도 다인이의 한 뼘 성장을 응원하며 함께하겠습니다.

　늦은 밤 긴 글 읽어 주셔서 감사해요. 편안한 밤 되시길 바라요~!

💬 '자세를 바라볼 줄 아는 눈'

자세(姿勢)의 사전적 의미는 '몸을 움직이거나 가누는 모양', '사물을 대할 때 가지는 마음가짐'입니다.

자세가 바르면 신체적, 심리적 활동의 결과가 긍정적일 수밖에 없습니다.

몸과 마음의 자세를 정확하고 세심하게 바라볼 줄 아는 눈.

아이의 자세뿐만 아니라 교육에 임하는 저의 자세도 함께 돌아보는 시간입니다.

✦ 04　준비가 되면 꼭 실천하는 다인이

　　　　　이번 주도 보내드리는 메시지가 늦네요. 밤 중에 보내드리기가 부담스러워 이렇게 아침 일찍 보내드려요. 요즘 다인이 가정생활은 어떤지요? 배려하거나 예의를 차리느라 행동에 쑥스러움이나 조심스러움이 있지만 막상 활동에 들어가면 주저함 없이 적극적으로 임하는 다인이입니다.

　제 말 한마디도 허투루 듣는 경우가 없어요. 꼭 기억했다가 자기 나름의 준비가 되면 꼭 실천하지요.

　수요일 역도 수업에 같이 배우는 인근 학교 여학생이 한 명 있는데, 한 달 전 처음 만나 인사 나누면서 말도 먼저 걸어주고 친하게 지내라고 했습니다. 지난주 그 친구에게 드디어 말을 걸어 뿌듯했다며 참 좋아하더라고요.

　다인이 성향에 먼저 다가가 인사를 건네었다는 건 참 칭찬할 점입니다. 한 뼘 성장의 순간입니다.

　제가 모이라고 한 건 아니었는데 토요일 전교 임원 셋이 모여 함께 다음 주 자치 활동 행사 추진을 위한 회의를 했어요. 날씨도 안 좋은데, 먼 거리를 걸어와 학교에 모여 스스로 일을 추진하는 모습에 뭉클하였답니다. 새로 오신 2, 3학년 담임선생님이 어제 이런 말씀을 하시더라고요. 그동안 본 아이 중에 지금 서상 전교 임원들이 제일 잘한다고요. 깜짝 놀랐다고요. 내 새끼들 칭찬받으니 어깨가 으쓱! 했답니다.

🖊 '수업을 잘하려면? 학생을 잘 키우려면?'

바로 '준비'입니다. 준비가 되지 않은 상태에서 수업을 시작하면 방향을 잃은 채 저도 모르는 어딘가로 휩쓸려갑니다.

"자, 어디 할 차례지?"

바쁜 일에 치여 가끔 아이들에게 되레 물으며 헐레벌떡 40분의 수업을 준비하는 저의 민낯이 다인이의 준비성과 비교되며 부끄럽습니다.

수업을 잘하려면 무조건 준비해야 합니다.

학생을 잘 키우려면 무조건 준비해야 합니다.

✦ 05 또랑또랑한 목소리!

안녕하세요? 어머님~^^

어제는 아이들이 열심히 준비한 '글로벌하게 놀아보자!' 자율자치행사 날이었어요. 대한민국, 중국, 베트남, 일본 네 나라의 전통 민속놀이를 스스로 만들어보고, 미션 활동을 통해 각 나라의 간식을 가져가는 활동이었는데, 다인이는 일본의 전통 놀이 '겐다마' 부스에서 선생님 역할을 하였답니다. 겐다마를 직접 쉽게 만드는 방법을 연구해 보고, 일본을 대표하는 노래도 선정해 보고, 예쁘게 꾸민 간판과 디자인자료를 가지고 부스를 꾸미며 전교생 아이들에게 재미있고, 유익한 시간을 만들어 주었답니다.

여기서 제가 몰랐던 다인이의 보물! 바로 '또랑또랑한 목소리'입니다. 평소 말 속도가 빠르고, 뱉은 말이 좀 웅얼웅얼 몸속으로 들어가는 느낌이 좀 들었어요. 성량도 좀 작고요. 그래서 표현력에 부족한 부분이 있다고 생각했는데 어제 자치활동에서 아이들에게 설명하는 걸 보니 '와! 다인이 목소리가 이렇게 흡입력이 있구나.' 깜짝 놀랐어요.

이번 자치활동에서 동료 교사들에게 절대 간섭하지 않고 지켜만 보시라고 제가 엄포를 놓았어요. 두 시간 내내 다인이 혼자 일곱 명의 아이들을 처음부터 끝까지 가르쳐주다 보니 저절로 선생님을 신경 쓰지 않고 '원래 가지고 있는 그대로' 마음껏 발휘한 것 같아요.

하루 소감 일기에 '힘들었지만 보람 있었다.'라는 다인이의 짧은 한마디가 참 좋네요.

다인이의 진짜 목소리를 늦게 알게 된 미안함, 다인이 스스로 일구어낸 한 뼘의 성장을 바라보는 뿌듯함이 공존한 순간이었어요.

🖋 '힘들었지만 보람 있었다.'

하루, 하루 부모님께 보내드리는 칭찬 문자들. 게으른 저에게 쉽지 않은 도전입니다. '힘들었지만 보람 있었다.'라는 다인이의 일기 속 표현처럼 지금 이 과정이 힘들 때도 있지만 교사로서 나름의 노력을 하고 있다는 생각에 보람을 느낍니다. 다인이와, 우리 반 학생들, 그리고 선생님인 저까지 포함하여, 힘든 도전 속에서 보람을 느끼며 성장해가고 있습니다.

✦ 06 편안함보다는 즐거움이 좋아요!

　　　　오늘 역도 훈련을 하러 가는 길에 아이들이 많이 힘들지 않을까 여기며 이야기를 건넸습니다.

"역도 가는 거 힘들지 않아? 오후에 그냥 돌봄교실에서 있는 게 편하지 않아?"

다인이는 이렇게 말했어요.

"돌봄교실이 편하죠. 근데 저는 역도를 하는 게 즐거워요. 편안함보다는 즐거움이 좋아요."

머리에 망치를 맞은 듯 아주 부끄러웠답니다. 즐거움과 행복감, 성취감을 찾아 힘들어도 끝까지 노력하고 즐기는 모습은 저도 본받아야 할 좋은 삶의 자세이지요. 갈수록 기대가 됩니다. 한 뼘 더, 한 뼘 더 성장할 다인이의 모습.

🎯 '그냥 역도 연습하지 말고 돌봄교실 갈래?'

매일매일 단 하루도 빠짐없이 지도했던 역도. 코로나 확산으로 인하여 언제 열릴지도 모르는 역도대회를 하염없이 기다리며 아이들보다 제가 먼저 지쳐 포기하고 싶었던 것 같습니다.

저는 다인이와 달리 편안함을 택하고 싶었는지도 모릅니다. 다인이를 통해 또 하나를 배웁니다.

✦ 07 천천히, 하지만 큰 걸음으로!

우리 다인이는 웹툰 작가가 꿈이래요. 그림 그리는 것, 글 쓰는 것을 좋아하는 다인이. 내일 있을 나의 꿈 발표회를 준비하며 웹툰 작가의 수익, 단점과 장점, 작가가 된 이후의 생활, 주의점, 질적 수준, 독자와의 소통 방법, 필요한 능력 등 매우 자세하게 조사하였답니다. 벌써 이 정도로 준비할 수 있는 게 대단하지 않나요?

하고 싶은 직업을 꿈꾸며 자세히 그려 나가다 보면, 그저 꿈을 꾸기에는 준비하고, 키워나가야 할 것들이 매우 많다는 것을 알게 되지요.

많은 아이는 꿈이 자주 바뀝니다. 그만큼 미래에 대한 유연성이 큰 나이이기도 하고, 하고 싶은 것도 참 많지요.

하지만 '자주' 바뀌는 것이 좋은 점만 있는 것은 아니라고 생각해요. 주마등처럼 쓱 대충 보고 흘러가는 경우가 참 많기 때문이에요. 그래서 무엇이든 가능성이 있는 시기임에도 한 가지라도 자신의 꿈에 대한 구체적인 목표와 계획이 없다면 그 꿈은 그저 한낱 꿈에 불과하겠지요.

평소 제가 관찰해본 결과 다인이는 하고 싶은 것이 참 많으면서도 막상 첫 시작 속도는 빠르지 않아요. 천천히 살펴보고 돌다리도 두들겨 보고 건너듯 조심스럽지요. 하지만 그 시간이 지나가면 그 누구도 따라올 수 없을 만큼 꾸준히 그 일에 몰두합니다. 바로 저번에 말씀드린 '준비가 되면 꼭 실천하는 다인이의 빛나는 모습'말이에요.

도전하는 자신감!

시작 전에 충분히 생각하는 차분함!

시작이 되었다고 하면 완전히 끝을 보는 꾸준함!

이 삼박자를 모두 다 갖춘 다인이입니다. 다인이의 꿈은 자연스럽게 큰 걸음으로 다가가고 있습니다! 아버지, 어머니를 닮았겠지요? 피가 어디 가겠습니까?

다인이의 보석과도 같은 성품과 기질, 선천적인 능력들. 잘 바라보고 귀하게 닦아나가도록 도움 주는 일이 제 일입니다. 한 뼘, 한 뼘 성장할 수 있도록 최선을 다하자 다짐해봅니다.

교실 밖 맑은 하늘처럼…. 부모님 하루도 참 맑았으면 좋겠습니다!

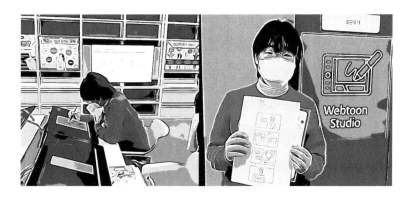

🌑 '천천히, 하지만 큰 걸음으로!'

첫 교생 실습 때 지도해주시던 선생님은 다른 선생님과 다르게 명함이 있었습니다. 저에게 공손히 명함을 건네주셨고, 그 명함에는 '천천히, 하지만 큰 걸음으로!'라는 선생님의 좌우명이 쓰여 있었어요. 15년이 훌쩍 지나도 잊히지 않는 좌우명. 다인이를 바라보며 더욱 마음속에 새깁니다.

교실 속 숨은 보물찾기

◆ 08 함께 살아가는 기쁨을 아는 것

　　　　　이번 학기에 학년별로 그림책 만들기 프로젝트를 추진하게 되었어요. 나눔, 우정, 배려, 사랑, 자유 등 가치개념을 하나 선정하고, 선정한 가치와 관련한 그림책을 만들어보게 되었답니다.

　우리 6학년은 '행복'이란 가치를 선정하였어요. 그래서 저번 주말에 '내가 행복할 때는 언제인가?' 과제를 내었지요. 화요일 6교시에 발표하는 시간을 가지며, 그중 가장 인상 깊은 2가지만 골라보라 했지요.

　다인이가 고른 2가지는 '엄마와 이야기할 때'와 '생일을 기억해주고 축하해줄 때'였어요.

　둘 다 누군가와 '함께'할 때이지요. 다인이는 개인적인 시간을 갖는 것도 좋아하지만 자기 모습을 누군가가 인정해주고, 존중받으며, 사랑하는 마음을 나눌 때 가장 행복해하는 것 같아요.

　함께 살아가는 기쁨을 아는 것.

　성장하는 아이들에게 꼭 필요한 마음이지요. 관계 속에서의 기쁨을 알면 자신의 기쁨뿐만 아니라 타인의 기쁨은 무엇일까 살펴보게 되고, 타인의 행복을 위해 자신의 마음을 나눌 수 있겠죠.

　다인이는 실제로 그렇게 예쁘게 생활하고 있고요. 다인이와 함께할 수 있다는 것! 참 감사한 일이고, 제가 복이 많단 생각이 듭니다.

　가장 사랑하는 엄마와 함께 오늘 하루도 다인이가 행복하길 기도해
봅니다.

🌀 '내가 행복할 때는 언제인가?'

'학교에서 아이들과 함께 할 때.'라고 언젠가는 꼭! 말하고 싶습니다. 아직은
많이 부족합니다. 왜냐하면 지금 저의 대답은… '방학'이니까요.

◆ 09 중산층의 조건

　　한두 달 전. 쉬는 시간에 다인이가 피아노를 칩니다. 대중가요 같은데 처음 듣는 노래라 물어보았지요. 찡긋 웃으며 적재의 '나랑 같이 걸을래'라는 노래라고 이야기해 줍니다.

　다인이의 연주도 좋고, 노래의 가락 선이 참 좋아서 그 주 주말에 집에 있는 골동품 기타를 꺼내 들었어요. 몇 시간을 소파에 앉아 코드를 잡아보며 연주하니 참 기분이 좋더라고요. 다인이의 아름다운 피아노 선율에 얹어 기타를 함께 치는 제 모습도 그려보면서요.

　다음 날. 아이들과 이에 관한 이야기를 나누었더니 다인이가 크게 관심을 가지며 기타를 배우고 싶단 이야기를 합니다.

　"그래? 알았어. 선생님이 잘 치지는 못하지만 기타 배울 수 있게 도와줄게."

　좀 늦었지만 그렇게 오늘 아침 저는 우리 집 창고에서 악기 두 개를 꺼냈습니다. 기타와 우쿨렐레. 두 악기를 들고 학교에 출근했지요.

　제가 교실에 들어오자마자 아이들은 두 악기에 관심을 두기 시작합니다. 중간 쉬는 시간. 기타를 꺼내 들고 다인이에게 적재라는 가수의 '나랑 같이 걸을래' 피아노 연주를 부탁했지요. 잘 치지 못하는 선생님의 기타 소리에 잘 맞추어 피아노를 쳐줍니다.

항상 기분 좋게 다인이의 피아노 연주를 듣고만 있다가 함께 하며 연주를 해보니 참 감동적이고 즐거웠어요. 옆의 아이들도 보기 좋았는지 연신 우리 둘의 모습을 사진으로 담습니다.

그렇게 연주를 마치고, 다인이에게 기타를 쥐여 주었습니다. 정말 저는 잘하지 못하는지라 기타 연주에 필요한 아주 기본적인 자세만 알려 주었지요.

이리저리 만져보고 하더니 곧잘 치는 것 아니겠어요? 처음 접하는 아이인데 너무 놀랍고 역시 재능이 있구나 싶었어요.

그러고 나서 저의 시선은 남은 네 명의 아이들에게로 쏠립니다. 선뜻 다가오지 못하는 주저함을 느끼며 3교시 수업을 시작하기 전 이야기를 건네어봅니다.

"애들아, 중산층이 뭔지 아니? 중산층은 삶의 수준이 중간 정도 되는 계층을 말하는데 보통 경제력을 살펴보지. 하지만 삶의 수준을 경제력으로만 판단할 수 있을까? 돈이 많으면 많을수록 삶의 질이 높아지고 점점 더 행복해질까?

프랑스에서는 중산층의 조건 중 하나가 바로 '악기를 하나 이상 다룰 줄 아는 것'이래. 많은 사람은 음악을 듣고, 연주하며, 때론 소리높여 음악에 맞추어 노래도 부르고 춤도 추면서 행복감을 느끼지. 또, 음악은 마음을 치유하는 효과도 매우 크단다. 살면서 누구나 겪게 되는 힘든 순간을 내 나름대로 치유할 수 있는 강력한 무기가 있다면 얼마나 든든할까? 선생님은 그 무기 중 하나가 음악이라고 생각해. 특히, 내가 원하는 음악을 스스로 만들어 내어 어디서든지 활용할 수 있는 악기

교실 속 숨은 보물찾기

연주야말로 정말 좋은 무기라고 생각해.

어른이 되어 악기를 하나 배우려면 정말 많은 에너지와 용기가 필요하지만 지금 너희들처럼 학생일 때 배우면 상대적으로 훨씬 수월하단다. 다인이가 매일 피아노 연습하는 것처럼 우리도 같이 악기 하나씩 꾸준히 배워보자!"

아이들이 저의 길고 긴 말을 그저 조용히 듣습니다.
'내가 너무 아이들에게 부담을 줬나?' 돌아보며 수학책을 꺼내었지요.
그렇게 시간이 흐르고 점심시간. 항상 제일 늦게 먹는 제가 제일 늦게 교실에 들어갔어요. 그런데 웬일? 아이들이 두 악기에 나눠 앉아 즐겁게, 진지하게 악기 연주를 해보는 것 아니겠어요?
가만히 바라보며 참 울컥했습니다.

우리 아이들은 부족한 나의 말을 귀담아 잘 듣고 있구나.
우리 아이들은 소중한 무언가를 느끼고, 실천할 수 있는 성품과 자질이 있구나.
우리 아이들은 서로를 비교하기보단 사랑하는 가족처럼 그저 함께하는구나.

요즘 다섯 명의 아이가 보석을 넘어 천연기념물 같단 생각이 들어요. 정신 바짝 차리고 이 천연기념물들을 더 아름답게 보존해야 한다는 생각이 많이 드는 하루입니다.
우리 아이들의 삶 속에서 '삶의 수준과 행복의 척도'를 찾을 수 있을 것 같습니다. '나랑 같이 걸을래…' 노래 가사처럼 친구들과 함께 삶을 나누며 가꾸는 아이들의 모습은 부족한 제 삶에 오늘도 큰 힘이 됩니다. 천사 같은 아이들을 저에게 보내주심에 참 감사합니다.

🏷️ '가진 것은 몇 배가 되었지만, 가치는 더 줄어들었다.'

호주 최대 항공사 콴타스항공의 경영자 제프 딕슨의 '우리 시대의 역설' 시(詩)의 한 문장입니다. 여유 있게 살 만한 사람들을 지칭하는 '중산층'이란 말. 그 여유는 경제력에서 나오는 것일까요? 삶의 질과 의식 수준에서 나오는 것일까요? G8 정도까지 국격이 오른 요즘. 우리는 얼마나 더 여유로워지고 행복해졌을까요? 어떤 것에 가치를 두어야 마음이 여유롭고 행복해질 수 있는지 고민해 봅니다.

교실 속 숨은 보물찾기

✦ 10 문자 메시지 속의 '자아존중감'과 사진 속의 '자기효능감'

열 번째 칭찬 문자네요. 벌써 이렇게 시간이 흘렀나 하는 아쉬움과 좀 더 마음 담아 아이들에게 관심하지 못한 지난 시간을 돌아보며, 더 이상 후회하지 않는 올해 교직 생활을 다짐합니다. 우리 다인이의 숨겨진 보물은 또 무엇이 있을까? 생각해 보는 수요일입니다.

골똘히 생각하다 '다인이가 저에게 보낸 문자 메시지와 사진들'이 떠올랐어요.

자아존중감이란 '자기에 대한 전반적인 가치평가'를 말해요.

자기효능감은 '특정한 상황이나 영역에서 자기 능력에 대한 믿음과 확신'을 말하지요.

'나는 꽤 괜찮은 사람이야.', '나는 멋있네.'라는 평가가 자아존중감이라면, '나는 영어만큼은 자신 있어.', '나는 끈기만큼은 자신 있어.'라는 확신이 자기효능감이라 할 수 있어요.

먼저, 다인이가 가지고 있는 '자아존중감'을 말씀드리고 싶어요. 스승의 날을 맞이하여 저는 아이들에게 숙제를 하나 내어준 적이 있습니다.

"얘들아, 선생님한테는 안 보내도 되니, 1~5학년 때 담임선생님들께 그동안 귀한 가르침 주셔서 감사하단 문자 한 통만 보내드리렴."

주말이었던 스승의 날 아침. 저에게 문자가 한 통 날아옵니다.

다인이의 문자.

후후 선생님께선 보내지 말라고 하셨지만 전 보낼 겁니다 큐큐(?) ..
그래도 스승의 날인데 안 보내는 건 제가 용납 못하죠!!! 선생님과
저희가 만난 지 3달? 그 정도 됐는데 선생님 성격을 거의 파악했습
니다. 케케!!! 이번이 마지막 초등학생인 6학년인 만큼! 더 열심히
공부하고 말씀을 잘 따를 겁니다!! 이번 6학년! 잘 지내봅시다~~
항상 감사드리고 감사해요. 사랑합니다!

제 답장은 이렇게 보냈어요.

다인이가 바라본 내 성격이 궁금하군. 말투로는 그렇게 나빠 보이
진 않는데? 다인이와 함께해서 선생님은 참 좋아. 많이 부족한 선
생님이지만 항상 잘 따라줘서 고맙고, 행복하자. 우리!

제 성격을 거의 파악했다는 말에 덜컥 겁이 나다가도 저에 관한 관심
이 참 고맙고 재미있었어요. 6학년 학교생활을 멋지게 마무리하고 싶
다는 다인이의 다짐도 참 대견했어요. 그리고 마지막. 선생님에 대한
감사와 사랑을 표현할 줄 아는 사랑스러운 다인이가 저의 제자라니…
뭉클하며 참 좋았답니다.

저는 이 문자를 오늘 다시 한번 읽어보며, 다인이가 '참 단단해지고 있
구나.' 느꼈어요. 학기 초에는 저에게 쭈뼛대거나 예의 차리느라 조심스러
운 모습이 보였는데, 이번 저에게 보낸 메시지에는 말에 흔들림 없이! 자

신이 하는 말을 스스로 믿는 단단함!이 느껴졌어요. 어제 어머님께서 해주신 말씀처럼 요즘 우리 다인이가 밝아지고 적극적이며 활기찬 원인은 다인이의 자아존중감이 높아지고 있기 때문이 아닐까 생각합니다.

또 하나는 다인이의 빛나는 '자기효능감'이에요.

저번 주 금요일 '내 고장 걷기 체험 학습'이 있었어요. 전날에 비가 와서 그런지 시원한 바람과 청명한 하늘, 눈에 비치는 모든 풍경이 미세먼지 한 점 없이 참 또렷하게 보이는 날이었지요.

이런 날에 사진을 어찌 안 찍을 수가 있겠어요? 저는 시간이 날 때마다 핸드폰을 꺼내 들어 아이들의 예쁜 모습을 사진으로 담아봅니다.

그러다 어느 순간 다인이가 찡긋 웃으며 저에게 다가옵니다.

"선생님, 제가 찍은 사진인데 어때요?"

다인이가 찍은 사진을 살펴보는데 너무 놀라 저도 모르게 "우와~" 탄성이 절로 나옵니다. 그날에 느껴지는 모든 풍경이 한 프레임에 다 담겨있어 꼭 합성사진 같았어요, 그뿐만 아니라 찍혀있는 사람의 위치가 배경에 잘 어울릴 수 있도록 구도를 잡으며 배경과 최대한 잘 어울릴 수 있도록 사진을 찍지 않았겠어요?

예술적 감각은 배운다고 잘 따라갈 수 없는 부분이라고 생각해요. 타고난 감각이 참 부러울 따름입니다. 다인이 자신도 이 부분에 대해서는 자기효능감이 확실히 장착되어 있지요.

부모님께서 물려주실 경제적 재산보다 다인이에게 일찍이 물려주신 수많은 재능으로 높아지는 '자기효능감'과 또 사랑으로 키우시며 한 톨씩 한 톨씩 심어주신 '자아존중감'이 다인이를 '행복 부자'로 만드는! 어마어마하게 큰 유산이지 않을까 생각해봅니다.

오늘도 농사일에 바쁘시겠어요. 날씨가 더우니 고생하실 어머님이 떠오릅니다. 힘내세요~!

🏅 '교사의 자존감, 교사의 효능감'

'교사로서의 삶을 얼마나 가치 있게 여기는가?', '교사로서의 삶에 얼마나 자신이 있는가?'

전 올해 하루에 한 명씩 아이들을 정성을 다해 바라보았고, 그 속의 보석같이 빛나는 모습들을 부모님들과 자세히 공유하며 지내보았습니다. 하루하루 아이들과 부모님들과 함께 하며 그 어느 때보다도 참 행복했습니다. 교사로서 가치 있고, 자신 있는 삶! 감사하게도 저는 올해 '하루 한 통 칭찬 문자 보내기' 활동의 실천을 통해 맘껏 누릴 수 있었습니다.

◆ 11 고급 세단이 생각나는 명품 다인이!

　　　　　개인적인 사정 때문에 저번 주에 보내드리질 못하고, 한 주를 걸러 칭찬 문자를 보내드려요. 죄송합니다.

　다인이는 평소 말수가 적은 편이에요. 누군가에게 말하는 시간보다 누군가의 말을 듣는 시간이 더 많지요. 그렇다고 수동적이지는 않아요. 해야 할 말은 심사숙고해서 꼭 표현하고, 이를 책임지고 실천하지요. 연극 대본을 쓸 때도, 그림책을 만들 때도, 자치활동을 할 때도, 과제를 수행할 때도, 역도 훈련할 때도, 피아노를 칠 때도 가벼운 생각으로 임하는 경우가 없습니다. 가벼운 실천으로 대충 하다 마는 경우가 없습니다.

　생각이 많은 친구는 멈칫멈칫 실천력이 낮을 수도 있고, 몸이 먼저 움직이는 친구는 생각하는 시간이 모자를 수 있는데 우리 다인이는 '생각'하고 이에 따라 '실천'하는 균형감이 잘 배어 있는 친구입니다.

　거기에다 다인이의 더 큰 장점은 친구들과 함께하는 활동에서 나타나지요. 맏언니 같다고 할까요?(실제로 집에서 맏언니이긴 하죠.)

　함께 이뤄나가는 활동 속에서 친구들의 의견을 경청하고 이를 종합하여 생각한 후 자신의 의견을 말합니다. 자신의 의견을 더 높이고 친구들의 의견은 더 낮추는 것이 아니라, 함께 아울러 잘 섞일 수 있게 종합 정리를 하지요. 그러고 나서 정리된 의견대로 적극적으로 실천하되 항상 낮은 자세로 임하지요. 하기 힘들 수 있는 역할을 자진해서 맡음으로써 모든 친구가 좀 더 부담스럽지 않게, 쉽고 재미있게, 끈기 있게 활동할 수 있도록 이끌어갑니다.

기다려주고, 들어주고, 맞춰줄 수 있는 것은 좀 더 어른인 사람이, 좀 더 품격 있는 사람이 할 수 있는 것이지요.

안정감과 추진력.

다인이를 보면 '좋은 승차감으로 탑승자를 편안하게 해주고, 성능 좋은 엔진이 탑재 되어 큰 힘이 느껴지는 품질 좋은 고급 세단 차량'이 생각납니다.

요즘 따라 더욱 다인이가 가진 '생각의 힘', '실천의 힘', '함께 손잡고 걸어가는 힘'을 느끼며 참 놀랍고 그런 다인이가 참 멋있습니다.

아직 13살 어린이. 혹여 어른스러운 행동으로 한 번씩 부담감이나 중압감이 여겨질 수 있는 부분이 있는지 유심히 마음 살펴보고 서로 이야기 나눠봐야 하겠지요. 그게 제가 다인이 옆에 있는 이유니까요.

우리 6학년.
5명의 명품 보석들.

자기 삶을 멋지게 살아가는 자유롭고, 책임 있는 어른이 되길 기도하는 하루입니다. 또 그렇게 될 거라 확신하는 하루입니다.

교실 속 숨은 보물찾기

● '품격있는 사람이 되기 위한 조건'

제72주년 8.15 광복절 경축식. 애국지사 오희옥 할머니께서 애국가를 부르시는 영상을 시청하게 되었습니다. 제가 들어본 애국가 중에 가장 경건하고 숙연하며 감동적이었습니다. 노래를 잘 부르셔서가 아닐 겁니다. 나라를 사랑하는 진심 어린 마음이 목소리에 고스란히 담겨있기 때문이겠지요.

품격있는 사람이 되기 위한 핵심 조건은 '세상을, 우리를, 공동체를 진심으로 위하는 마음'이지 않을까 생각합니다.

✦ 12　괜찮은데요? 감사해요!

　　　　수요일 교원 협의회도 있고, 인근 마을의 옷 바자회도 들르느라 역도 훈련을 가지 못했어요.

　협의회가 끝나고 교실로 올라가 출장 갈 준비를 하는데, 복도에 두나와 다인이가 세상 행복한 표정으로 발랄하게 놀고 있는 것 아니겠어요?

　우리 다인이, 거의 세 달 동안 역도 훈련에 참여하느라고 가보지 못한 돌봄교실 시간이 얼마나 편하고 자유롭고 즐거웠을까? 흐뭇하게, 참 예쁘게 바라봤어요. 역시 아이는 아이예요!

　두나와 다인이가 쪼르르 저에게 달려옵니다.

　"선생님 어디 가세요?"

　"응. 너희들 옷 선물하려고."

　자세한 이야기를 전하며 아이들은 "오! 감사합니다. 잘 다녀오세요!" 하며 꾸벅 인사를 합니다.

　아이들을 뒤로하며 아이들의 따뜻한 인사가 참 뭉클하고 고마웠어요.

　막상 바자회에 갔는데…. 옷을 고르기가 참 어렵더라고요. 30분을 헤매다 제 욕심을 다 채우지 못하고 손에 잡힌 옷들을 집어 왔지요.

　다음 날 아침. 아이들에게 쭈뼛대며 옷을 꺼내 듭니다. 남자아이들은 그나마 반응이 괜찮은데 여자아이들은 당혹스러워하는 모습이 보입니다. 그래도 치수라도 잘 맞는지 확인해보고 싶어 일단 입어보도록 안내했습니다.

역시 남자아이들은 순순히 입고 나오는데, 여자아이들은 화장실에서 꺅꺅! 비명이 쩌렁쩌렁합니다.

그래도 착한 것들. 어쨌든 쑥스러워하면서도 순순히 입고 나옵니다. 가장 먼저 다인이가 나옵니다. 저를 쳐다보며 이런 말을 하네요.

"선생님, 옷 괜찮은데요? 저희를 위해 수고해주셔서 감사해요."

주는 사람이 되레 미안해 할까 봐 다인이는 제 마음을 먼저 챙깁니다.

"그렇게 말해줘서 고마워. 다인아."

하며 주고받는 따뜻한 마음 느끼며 행복한 아침 시간을 마무리했답니다.

🖋 '수고해주셔서 감사해요,' '그렇게 말해줘서 고마워.'

감사(感謝). 한자로 뜻을 직역으로 풀어보면 '느끼어 보답하다.' 정도 될 것 같습니다.

고맙게 여기고, 고마움을 나타내는 인사말 '감사합니다.' 언제 들어도 기분 좋고 사랑스러운 말입니다.

감사함을 느꼈으니 가만히 있을 수 있나요? 또 보답하며 건네는 말도 '감사합니다.'입니다.

✦ 13 하는 일이 잘 풀려서 좋아요!

잘 지내셨나요?

지난 월요일 다인이와 상담했어요.

"요즘 기분은 어때?" 물으니

"생리가 시작되어서 생리통 때문에 좀 힘든 부분이 있지만 요즘엔 하는 일마다 잘 풀리는 느낌이 있어서 참 좋아요."라고 답을 합니다.

"그래? 뭐가 잘 풀리는 것 같은데?" 다시 물으니

"전부 다요. 공부도 잘되는 것 같고, 교회 언니들이랑 반 친구들이랑도 더 관계가 좋아지는 것 같아요."라고 힘차고 밝게 대답합니다.

일단 상담 시간 내내 쭈뼛대거나 불편해하지 않고 어찌나 천진하고 밝게 상담에 임하는지 너무 반짝거려서 보는 내내 행복했답니다.

또 하나 물어봤어요.

"넌 어떤 사람이 되고 싶어? 직업 말고~"

고민의 시간 없이 바로 대답이 술술 나옵니다.

"저는 편안한 사람! 신뢰 있는 사람! (발표, 의견 낼 때) 당당한 사람이 되고 싶어요!"

놀라웠어요. 보통 아이들에게 묻기에는 어려운 부분일 수 있는데 곧바로 자신이 꿈꾸는 삶의 모습을 이야기하다니. 평소에 생각하고 있지 않았다면 쉬이 나올 수 없는 대답이잖아요.

너무 감동을 하여 더 이야기를 나누었습니다.

"3년 전, 선생님이 처음 너를 봤을 땐 눈물이 많고, 수줍음도 많고, 자신감이 부족해 보였단다. 요즘 다인이를 보면 완전히 다른 사람 같아. 매사 자신 있고, 밝고, 당당하고! 올해 선생님과 함께하는 학급 속에서 빛나고 있는 너의 모습을 직접 바라볼 수 있어서 참 감사해!"

느끼하지만 용기 내어 다인이에게 말해주었고, 다인이도 '제가 그랬나요?' 하는 표정으로 씩 웃습니다.

저에게 다인이는 벌써 '참 편안한 사람! 신뢰가 가는 사람! 당당한 사람! 하는 일마다 잘 풀리는 사람!'입니다.

🖋 '완전히 다른 사람 같아.'

'장님 코끼리 만지기'란 말이 있습니다. 아주 조금 알면서 전부 다 아는 것처럼 굴 때 쓰는 말이죠. '2년 전 다인이'와 '지금의 다인이'는 다른 사람이 아닙니다. 다른 사람이 누구인지 엄밀히 말하면 바로 '다인이를 바라보는 저 자신'이겠지요. 올해, 다인이에게 가까이 다가가 관심하면서 다인이가 원래부터 가지고 있었던 자질들이 뒤늦게 제 눈에 들어오기 시작한 겁니다. 아름다운 사람 '유다인'을 제대로 만날 수 있게 된 시간, 참 감사하고 행복합니다.

★ 부모님이 찾은 다인이의 보물 ★

 우리 다인이는요. (Feat. 엄마)

❶ 아침에 일찍 일어난다.

❷ 자기 일을 알아서 잘 해낸다.

❸ 그림을 잘 그린다.

❹ 피아노를 아름답게 연주한다.

❺ 음식을 먹을 때 엄마, 아빠를 꼭 챙긴다.

❻ 시간관념이 정확하다.

❼ 약속을 최대한 지키려고 노력한다.

❽ 외출을 즐겁게 한다.

❾ 힘든 다이어트를 하는 것을 보면 자기 관리가 철저하다.

❿ 표현은 잘 안 하지만 마음 여리고 속 깊은 아이이다.

⓫ 감성이 풍부하고 다른 사람을 배려할 줄 안다.

⓬ 착하고 이쁜 내 딸 다인이. 엄마가 아주 많이 사랑한다~♡

우리 다인이는요. (Feat. 아빠)

❶ 첫째 딸이라 믿음직스럽다.

❷ 항상 동생들을 잘 돌봐주고 아껴준다.

❸ 스스로 하고자 하는 일에 대해 책임감을 느끼고 끝까지 완수하려 한다.

❹ 음악을 좋아하고 피아노를 잘 친다.

❺ 감성이 풍부하고 친구들과 사이가 좋은 것 같다.

❻ 예술적인 부분에서 특별히 뛰어난 것 같다.

❼ 배려하는 마음이 앞서고 언제나 믿음직스럽다.

❽ 그림을 잘 그리고 섬세함이 돋보인다.

❾ 부모님 말씀을 귀담아듣는다.

❿ 무엇이든 끝까지 해내려 하고, 모든 일에 책임을 질 수 있으며 항상

　　밝고 아름다운 모습으로 건강하고 부드러운 세상을 살아가길 바란다.

준혁이의
숨은 보물찾기!

✦ 01 기뻐할 줄 아는 아이

전 학교에서 두 가지를 항상 생각합니다.

내가 하는 교육 활동이 기쁨이 있는가? 유익한가?

실제로 기쁨과 유익이 함께 가지 않으면, 아이들은 안 배운 거나 다름이 없기 때문입니다.

준혁이는 항상 기뻐할 줄 아는 아이입니다. 당연한 듯 보이시겠지만 절대로! 절대로! 쉬운 일이 아닙니다.

아이들은 사회화 과정을 겪으며 자기 생각과 행동을 어른들에게 강제적으로 제압당하기도 하고, 하고 싶은 일이 좌절되었을 때 금세 의기소침해지거나 소극적으로 변하기 마련입니다. 그러면서 온전히 기쁨을 느끼지 못하게 되는데, 준혁이는 기본 마음결이 매우 깨끗하고 선합니다. 그리고 밝습니다.

이러한 준혁이의 모습은 학습적 측면과 전혀 상관없이 다뤄주서야 할 준혁이만의 보물상자와 같습니다.

준혁이가 있는 곳은 항상 웃음이 넘칩니다.

준혁이가 있는 곳은 항상 긍정적인 에너지가 넘칩니다.

준혁이가 있는 곳은 항상 사랑이 넘칩니다.

매일매일 제가 다 힐링 받을 정도입니다. 참 웃음이 많고, 선하고, 예쁜 아이. 걱정하시는 교과 학습 과제에 있어 부족한 부분은 따로 유념하며 잘 다루도록 하겠습니다.

🖊 '기쁨 속에서 유익함을 찾아보자!'

아이들은 유익하기보단 기뻐할 수 있는 활동을 찾습니다. 선생님들은 기쁘기보단 유익할 수 있는 활동을 찾습니다. 전 올해 그 팽팽한 줄다리기의 끈을 놓아보려 합니다. 교사로서 품성과 자질을 믿고! 아이들의 기쁨 속에 푹 담겨 그곳에서 유의미한 가치를 찾아주고 싶습니다.

✦ 02 자신 있게 살아라!

오늘도 교실에 들어오는 저를 보고 활짝 웃으며 건네는 준혁이의 우렁찬 아침 인사와 함께 행복한 시간 보내고 있습니다.

요즘 준혁이 보기 어떠신지요? 저는 준혁이가 좀 더 자유롭고 자신감이 높아지는 게 보이는데….

수업 시간에도 발표도 잘하고, 어떤 과제를 주었을 때 귀찮아서 대충하지 않고 심혈을 기울이며 임하는 모습 칭찬 백만 개 감입니다.

오늘 자신감과 관련한 이야기를 해주고 준혁이에게

"넌 너 자신을 어떻게 생각해? 잘하고, 좋아하는 게 더 많은 것 같아, 아니면 못 하고 싫어하는 게 더 많은 것 같아?"

물음에 잠시의 망설임 없이

"못하는 게 더 많은 것 같아요."라고 합니다.

준혁이뿐만 아니라 많은 아이가 대부분 이렇게 대답하지요.

1학년 때 아이들은 서로 자기 것을 잘했다고 뽐내기도 하고, 먼저 자기 생각을 발표하려 싸우기까지 하지요.

한 해 두 해 성장해가면서 선생님, 부모님들에게 "더 잘해야 해! 이렇게밖에 못해?"라는 말을 들으며, 아이들 한 명씩 한 명씩 자신감을 잃게 됩니다.

자신을 긍정하고 믿지 않으면 행복할 수가 없습니다.

난 내가 좋아!

우리 아이들이 성장하는 과정에서 부족한 점도 있겠지만 이보다는 현재 자기 모습을 있는 그대로 수용하고 스스로 응원하는 힘 있는 사람이 되길 바랍니다.

그런 사람이 될 수 있도록 지켜보는 교사가 되길 노력해봅니다.

보내드린 사진은 준혁이가 태어나서 가장 열심히 그린 그림입니다. 스스로 뿌듯해하며 보여준 그림이 참 뭉클하고 감동이었답니다.

● '아이고! 우리 강아지, 똥도 참 예쁘게 쌌네?'

아이가 태어나면 존재 그 자체만으로도 사랑스럽습니다. 뭐든지 다 예뻐 보이죠. 한 해가 가고, 두 해가 갑니다. 부모는 갑자기 엄한 표정을 짓고 아이에게 돌변합니다.

"이제 똥은 변기에 싸야지!", "밥 골고루 먹어야지!", "흘리면 안 되지!", "계속 울면 망태 할아버지가 잡아간다!"

뭐든지 허용되고 사랑받던 아이는 점점 당황합니다.

'이러다 엄마, 아빠랑 못 살고 생판 모르는 할아버지랑 사는 거 아냐?'

잘하는 게 하늘의 별보다도 많은데 이건 너무 당연한 게 되어버리고, 못하는 것만 의식 속에 드러나 쌓여가기 시작합니다.

몇 해 전 돌아가신 저희 장모님께서 결혼식 날 저에게 눈물을 훔치며 하신 말씀이 기억에 남습니다.

"윤 서방, 우리 딸을 만났던 처음처럼만 그렇게 사랑해주게."

태어났을 처음으로 돌아가 다시 자녀를 바라보면 +100에서 시작하지만 내가 원하는 미래의 아이 모습을 그리며 지금의 자녀를 바라보면 -100에서 시작할지도 모르겠습니다.

처음처럼만 그렇게 쭉 사랑하고 싶습니다.

✦ 03 역시 나의 애제자!

날씨는 흐리지만 준혁이는 언제나 날씨 맑음입니다. 말 한마디 빼놓지 않고 끝에는 웃음이 흘러나오지요.

며칠 전 '가족 구성원 중 감사한 일 떠올리며 메시지 쓰기' 수행평가를 보는데 글씨를 알아볼 수는 있으나, 모든 글자가 똑같은 간격으로 되어 있어 띄어 쓸 수 있는 부분을 알려주고, 다시 써보라고 안내했지요. 잠시 멈칫했지만 성실하게 열정적으로 수정하는 모습에 감동했답니다.

요즘 제가 준혁이에게 자주 하는 말이 있습니다.

"준혁이! 역시 나의 애제자!"

칭찬은 준혁이를 기분 좋게 하고, 더 적극적으로 수업 활동에 임하게 합니다.

조잘조잘 말수를 늘려가며 자기 주도적인 학교생활을 하는 준혁이! 오늘도 저의 애제자를 힘껏 응원합니다~!

✏️ '매주 목요일 오는 톡이 기다려지네요.'

'저의 애제자! 준혁이'의 어머니께서 보내주신 답장 메시지의 마지막 문장입니다. 저를 참 기분 좋게 하고, 준혁이를 더 마음 담아 정성스럽게 바라보게 하는 자양 강장제 같은 말씀이었습니다. 저도 매주 목요일 준혁's day가 기다려집니다.

✦ 04 열정을 갖되 집착하지 않아요!

　　부모님 안녕하세요? 날씨가 오후 들어 흐려지네요. 마음만큼은 항상 맑음이시길 바랍니다.

　항상 맑음이던 준혁이가 오늘 흐림의 순간이 있었어요. 오늘 방과 후 시간에 간식이 나왔는데 맛있을 줄 알았던 참외가 맛이 없는 바람에 말이죠. 참외가 '참~' '외!' 그랬을까요?

　오늘은 전통 놀이 체험도 하고, 학교에서 사주는 어린이날 선물도 셀프로 골라보고, 교과수업도 무리 없이 잘 소화하였답니다.

　준혁이를 가만 보면 승부욕이 있어요. 근데 참 신기한 게 승부욕을 부리다 보면 성취되지 못했을 경우 짜증이나 화가 나기 마련일 텐데 그런 게 전혀 없어요. 활동에 열정을 갖되 집착하지는 않는 아주 좋은 성품을 지녔지요.

　혹시 이 부분에 대해 어머님께서 끈기가 없거나 집중력이 없어서 등과 같이 생각되는 부분이 있으시다면 그 부분은 또 다른 측면에서 성장해나가야 할 과정이라고 생각합니다.

　그리고 준혁이는 남을 도울 때 생색내거나 보상을 요구하지 않으면서 기꺼이 돕는 친구랍니다.

　지상의 별처럼 반짝거리는 준혁이와 참 즐거운 하루 보냈습니다.

🖋 '코리아 퐈이팅!'

2021 도쿄올림픽 양궁 금메달리스트 김제덕 선수의 패기 넘치는 외침이 귓가에 생생합니다. 이번 도쿄올림픽에서 제가 가장 인상 깊었던 점은 승패를 떠나 자신의 기량을 마음껏 뽐낸 후 메달을 따지 못했더라도 당당히 '후회는 없어요.'라고 발랄하게 말하는 젊은 선수들의 모습이었습니다. 열정을 갖되 집착하지 않는 사람. 경기에는 패배했을지언정 인생에는 성공한 좋은 사례가 되었다고 생각합니다.

✦ 05 소방관의 마인드!

　　준혁이 덕분에 오늘도 뿌듯하고 재밌는 하루를 보냈습니다.
오늘은 체력검사가 있는 날.

　유연성에는 살짝(?) 부족함과 비만도에는 살짝(?) 넘침이 있었지만,
심폐지구력, 근력·근지구력, 순발력은 엄지척을 보냅니다.

　부모님께 받은 신체적 유전자가 참 좋은 준혁이입니다.

　매주 목요일은 교실 청소하는 날. 선풍기가 필요한 계절을 맞이하여
선풍기를 씻기 위해 분해하고 있는데, 뒤를 돌아보니 어느새 준혁이는
고무장갑을 끼고 기다리고 있습니다. 어찌나 귀엽던지….

　1층 현관 앞 수도에 가서 선풍기 커버와 날개를 누구보다 먼저 열심
히 세척하며 뿌듯해하는 준혁이의 모습이 참 보기 좋았답니다.

　준혁이에게 요새 자주 하는 말이 있습니다.

　"준혁아, 선생님은 널 보면 소방관이 된 네 모습이 자꾸 생각나. 사람
들의 안전을 책임지고, 먼저 달려가 봉사하는 모습이 딱! 너거든."

　준혁이는 대답합니다.

　"아니에요. 싫어요. 불이 무섭단 말이에요."

　준혁이의 말을 듣고 속으로 되뇝니다.

　'두려워할 줄 아는 사람이 더 잘 지킬 수 있는 거야.'

　소방관이 되고 안 되고의 문제가 아니라 준혁이의 우월한 신체 유전
자, 적극성, 이타심에 칭찬하고 응원하는 마음 담아 표현해 봅니다.

🏅 '인간만이 인간을 구할 수 있다.'

이타적인 마음으로 적극적인 실천을 하는 사람. 준혁이와 같은 마음을 가진 사람이 많아졌으면 좋겠습니다. 그 안에 저도 함께 있고 싶습니다. 준혁이의 일상을 바라보며 전 오늘도 배웁니다.

◆ 06 뛰어난 눈썰미와 예리한 관찰력

준혁이의 넉살 좋은 미소, 때 묻지 않는 밝은 성품에 가린 부분을 말씀드리려 합니다.

바로 준혁이의 눈썰미와 관찰력입니다.

며칠 전 '콘택트'라는 영화를 보여준 적이 있어요. 조금 어려울 수도 있는 내용이었지만 집중 있게 잘 보더라고요. 다 보고 마지막 여주인공과 아빠가 만나는 장면.

저를 포함하여 아이들 모두 멍하게 보고 있는데,

"어? 저기 처음에 여자주인공이 그렸던 펜시콜라 해변인데?"

다들 "오~맞네. 그곳이네?" 놀라며, 환호성을 질렀답니다.

영화의 복선이 깔린 아주 중요한 부분을 혼자서 찾아낸 준혁이 대단합니다.

또 하나. 실과 소프트웨어 관련 수업 시간이었어요.

"소프트웨어가 없다면 어떤 점이 불편할까?"라는 물음에 아이들은 대부분 눈에 보이는 일상적인 전자제품을 이야기하였지만 준혁이는 달랐어요.

"버스카드가 없으면 버스 승하차 시 불편해요."

버스카드를 소프트웨어적인 요소로 떠올리는 경우는 흔하지 않거든요. 특히, 버스를 자주 이용하지 않음에도 버스카드의 소프트웨어적

기능을 떠올렸다면 그건 일상생활 속에서의 다양한 경험상황에 대한 관찰력이 뛰어나다고 볼 수 있어요.

오늘도 준혁이의 '뛰어난 눈썰미'와 '예리한 관찰력' 덕분에 매우 즐거운 하루였답니다~!

🖊 '관심은 관계의 시작이다.'

준혁이의 넉살 좋은 미소(상대에 관한 관심), 때 묻지 않은 밝은 성품(자신에 관한 관심), 눈썰미와 관찰력(사물·현상에 관한 관심)은 자신을 포함한 주변 환경과의 관계를 더욱 튼튼히 할 수 있는 시작점입니다. 준혁이처럼 저도 교실 속 관계의 시작점에 서서 적극적으로 관심을 해보려 합니다.

✦ 07 잠자는 것처럼! 게임하는 것처럼!

　　　　오늘 아침도 준혁이의 "안녕하세요! 선생님!!" 우렁찬 인사를 받으며 참 좋은 에너지를 선물 받음에 감사한 하루입니다.

구김 없는 옷을 입었을 때 참 기분이 좋아요. 옷도 그런데, 마음이 그렇게 될 수만 있다면 얼마나 좋을까요?

구김 없는 마음. 준혁이의 밝고 선한 말투와 미소 속에서 오늘도 배웁니다.

이번 학기에 학년별로 그림책 만들기 프로젝트를 추진하게 되었어요. 나눔, 우정, 배려, 사랑, 자유 등 가치개념을 하나 선정하고, 선정한 가치와 관련한 그림책을 만들어보게 되었답니다.

우리 6학년은 '행복'이란 가치를 선정하였어요. 그래서 저번 주말에 '내가 행복할 때는 언제인가?' 과제를 내었지요.

화요일 6교시에 발표하는 시간을 가지며, 그중 가장 인상 깊은 2가지만 골라보라 했지요.

준혁이가 고른 2가지는 '잠잘 때'와 '게임할 때'였어요.

인생의 최종목저지는 '행복하게 사는 것'이지요. '어떻게 행복히게 살 수 있을까?'가 그다음 질문이 되겠지요. 일단 행복감을 느낄 수 있는 상황이 있는 것만으로도 감사한 일이지만 아이들의 질 높은 성장을 목표로 하는 저에게는 '어떻게?'가 큰 숙제이지요.

'즐기는 것이 우리 모두 함께 유익하다면 얼마나 좋을까?'

준혁이에게 제가 받은 행복감처럼 준혁이도 저와 함께, 그리고 친구들과 함께하는 학교생활이 잠자는 것처럼, 게임하는 것처럼 행복하길 기도해봅니다.

준혁이의 행복이 더욱 세상에 펼쳐지도록 마음 담아 함께하는 하루하루 되도록 노력하겠습니다.

🖱️ '가르치지 말고, PLAY하라!'

준혁이의 말을 듣고 바로 참여하게 된 직무 연수의 제목입니다. 게이미피케이션 교육으로 '수업에 게임적 사고와 과정(미션→피드백→ 보상)을 적용한다.'라는 것이 주제였는데, '기쁨 속에서 유익함을 찾아보자!'라는 제 생각을 구현할 수 있는 좋은 실천 방법이었습니다. "준혁아, 언제 가장 행복해?" "수업할 때요!" 즐거운 상상을 하며 게임화(化)된 수업 연구에 더 노력해봅니다.

✦ 08 '풀꽃! 조 감독님'의 큰 그림

　　　　비가 추적추적 내리는 하루입니다. 벌써 봄이 지나가시려나 아쉬우면서도 아이들처럼 또 그렇게 자연스레 성장하며 흐르는 시간을 함께하고 있어 참 감사한 하루입니다.

　저는 재작년은 5학년 담임, 작년은 4학년 담임, 올해는 6학년 담임,

　3년째 고학년 담임을 하며 꿈돌이 연극 교육 활동에 함께 참여하고 있습니다. 작년에는 직접 연극 업무 담당자가 되어 연극 작품을 출품하기도 했고요(아시죠? 희대의 역작! '서상을 지켜라!').

　작년과 재작년의 준혁이의 모습을 떠올려봅니다. 연극 무대에서 자신감 없이, 소극적인 태도로 작은 배역에 그저 만족하는 준혁이의 모습이 아쉬움으로 남아 있습니다.

　올해 우리 학교 연극은 대본을 만드는 작가팀, 무대배경 및 소품·의상 등을 챙기는 소품팀, 직접 무대에 올라 연기를 펼치는 배우팀으로 역할을 분담하고 가명 '수호천사'라는 아주 멋진 연극을 준비하고 있지요.

　준혁이는 과연 어느 팀에 있을까? 궁금하시죠? 준혁이는 바로 연극 무대를 총관리하고 지휘하는 감독의 위치에 있답니다.

　그래서 올해 준혁이가 불리는 또 다른 이름이 바로 '조 감독님'이랍니다.

　올해는 주도적으로 연극 업무를 맡지 않고 5학년 담임선생님이 하시다 보니 상대적으로 자세히 들여다보지 못했습니다.

5학년 담임선생님이 준혁이에게 쉬는 시간마다 "조 감독님 잠깐 저랑 이야기 좀 하시지요?" 하며 연극과 관련한 다양한 사항들을 협의하십니다.

쭈뼛쭈뼛. 그 상황을 얼핏 바라보고 있노라면 감독의 모습은 잘 보이지 않습니다.

솔직히 말씀드리면, 5학년 선생님께서 '그냥 감독을 명예직으로 주셨나?' 이런 섣부른 판단을 한 적이 있답니다.

그렇게 시간이 흐르고, 지난주부터 아이들은 직접 제작한 대본을 토대로 대본 리딩 작업을 하고 있습니다. 이를 보고 나면 보통 저는 자연스레 대본을 쓴 작가 팀, 대본 리딩을 하는 배우팀의 학생들에게 칭찬할 점을 말하고 있지요.

어제 연극 수업 시간. 대본 리딩을 하는 아이들을 유심히 살펴봅니다. 그러다 준혁이를 바라봤는데, 아이들의 대본 리딩을 유심히 듣고, 쓰여진 대본을 읽으며 무언가에 집중하며 글을 쓰고 있는 것이 아니겠어요?

"어? 준혁이~!"

바로 조심스레 준혁이 뒤로 다가갑니다.

멀리서는 알아보기 힘든 자신만의 글씨인 '준혁체'로 대본 뒷면에 무언가를 열심히 적고 있더라고요. 인기척이 느껴졌는지 뒤를 돌아보며 수줍게 자신이 적고 있던 종이 면을 황급히 덮습니다.

"준혁아~ 선생님이 궁금한데 한 번만 보여주면 안 될까?"

애교를 부리며 준혁이가 쓴 글을 하나하나 살펴봤습니다. 살펴보니, 각 막에서 필요한 배경과 인물, 소품들을 열심히 찾아보는 것 아니겠어요?

참 감동적이고, 그간 연극 시간에는 잘 알아보지 못했던 준혁이의 성실성과 책임감을 느끼는 시간이었답니다.

작년, 재작년. 준혁이를 바라봤던 저의 헐겁고 편협한 생각과 판단이 참으로 부끄러웠답니다.

나태주 시인의 '풀꽃'. 우리 나라 국민이 참 좋아하는 시(詩)이지요.

　　자세히 보아야
　　예쁘다.

　　오래 보아야
　　사랑스럽다

　　너도 그렇다.

아이들의 마음속엔 자세히 보아야 예쁘고, 오래 보아야 사랑스러운 재능과 꿈의 풀꽃들이 너무나도 많습니다.

아이들 마음속의 풀꽃들을 예쁘게, 사랑스럽게 키우는 것이 제 교직 생활의 최종 목표가 되는 요즘입니다.

'하루 한 통 학부모님들께 자녀 칭찬 문자 보내기' 활동. 부족한 부분이 참 많지만, 이 글을 쓰고 있는 동안 참 다행이고, 뿌듯한 순간입니다.

오늘부터 우리 조 감독님의 멋진 연출력과 리더십을 더욱 기대해봅니다.

저번 주 준혁이 외할아버님 제사였다고 들었어요. 잘 다녀오셨나요?

잘 모르고 살았었는데⋯. 두 해 전 장모님께서 돌아가시고, 부모님의 부재가 얼마나 가슴 아프게 다가오는지 느낄 수 있는 요즘입니다. 삼가 고인의 명복을 빌며, 준혁이 외할아버님과의 감사한 추억, 행복한 추억 잘 간직하시길 기도드립니다.

🎭 '자세히, 오래 보아야 진짜가 보인다.'

연극 수업 시간에 준혁이의 모습을 자세히, 오래 보지 못했다면 어땠을까? 생각만 해도 얼굴이 화끈거리며 부끄럽습니다. 성실하고, 책임감 있는 진짜 준혁이의 모습을 볼 수 있음에 참 행복합니다.

✦ 09   미역국이 아니라
상대방의 마음에 빠진 준혁이

열 번째 칭찬 문자네요. 벌써 이렇게 시간이 흘렀나 하는 아쉬움과 좀 더 마음 담아 아이들에게 관심하지 못한 지난 시간을 돌아보며, 더 이상 후회하지 않는 올해 교직 생활을 다짐해봅니다.

월요일 도덕 수업 시간. 나눔과 봉사에 관련한 수업을 진행하며 교과서에 나눔과 봉사를 실천하는 방법으로 '마음 나누기 4단계'가 나옵니다.

1단계. 관심 기울이기(주변에 도움이 필요한 사람이 있는지 관심하기)

2단계. 공감하기(상대방의 상황, 처지, 마음을 깊이 이해하고 존중하기)

3단계. 준비하기(상대방에게 무엇이 필요한지 생각해 보고 내가 할 수 있는 것을 찾아보기)

4단계. 실천하기(상대방의 마음을 헤아리며 용기 있게, 즐거운 마음으로 실천하기)

아이들은 그저 텍스트로 이루어진 내용을 정확하게, 심도 있게 이해하기는 참 어렵지요. 마음을 다루는 건 특히 더더욱 어려워요. 그래서 교사인 저에게 가장 큰 역할이자, 갖추어야 할 역량은 '아이들이 이해하기 쉽도록 실생활과 관련한 사례들을 찾아보고 수업내용에 적용하는 것'이지요.

곰곰이 생각해봅니다. 어떤 말을 해야 머리로 이해하기 쉬울지. 어떤 이야기를 해야 아이들의 마음을 움직일 수 있는지.

'아! 맞다!'

며칠 전 급식 시간을 떠올립니다. 준혁이가 당황했던 '미역국 투척 사건'.

상황은 이렇습니다. 점심 급식 시간. 전 할 일이 좀 더 남아 있어 아이들을 급식소로 먼저 보내고, 가장 늦게 급식소에 도착했습니다. 식판에 음식을 받고, 아이들 곁으로 가고 있는데, 준혁이가 옷에 무엇이 묻었는지 휴지로 닦고 있더라고요. 자세히 살펴보니, 가슴 쪽이 꽤 많이 젖어 있었어요. 왜 그런지 물어보니 3학년 동생 중 한 명이 식판을 들고 가다가 준혁이 자리에서 식판이 부딪히며 미역국이 준혁이 티셔츠에 줄줄 흘렀나 봅니다. 준혁이는 짜증 하나 없이 씩 웃으며 젖은 옷을 닦고 있었어요. 보통은 짜증이 나서 찡그리기 마련인데 말이죠.

가만히 준혁이의 마음과 행동을 바라봅니다. 여러 가지 이유가 있겠지만, 준혁이는 자신이 피해받아 짜증 나는 것보다는 3학년 동생이 자신에게 계속 미안해 할까 봐, 급식소에서 밥 먹는 아이들이 자신으로 인해 불편하지 않도록 행동했던 거예요.

전 아이들에게 이 이야기를 가지고 마음 나누기 4단계를 설명합니다.

상황: 가만히 있었던 준혁이에게 동생이 실수로 미역국을 쏟아서 준 혁이 옷이 더럽혀짐.

1단계: 관심 기울이기(당황한 동생에게 필요한 것이 무엇인지 살펴봄. / 급 식소에 있는 많은 친구와 선생님들을 살핌.)

2단계: 공감하기(동생의 '내 실수로 오빠에게 피해를 줘서 미안하다', '혹시 불편한 상황이 더 생길까 당황스럽다'와 같은 마음을 이해하려 함. / 나 보다 어린 동생이라고 함부로 말하지 않고 '실수할 수도 있지.'라고 하 며, 존중해줌.)

3단계: 준비하기(이 상황에서 내가 할 수 있는 일은 무엇인지 생각해봄.)

4단계: 실천하기(자신이 피해입은 상황을 부각해, 동생에게 잘잘못을 따지 며 지적하는 방법 대신, 동생과 주변 사람들을 공감, 배려하며 이 상황 을 웃으며 조용히 넘어감. 긍정적인 상황으로 전환될 수 있도록 자신의 감정과 행동을 컨트롤함.)

'마음을 나누는 방법을 머릿속으로 생각하며 한 단계, 한 단계 실천 이 가능할까?' 의문을 가지며, 순간순간 일어나는 무수히 많은 상황과 감정들을 단계적으로 컨트롤할 수 있다는 건 정말 어려운 일이라는 생 각이 듭니다.

준혁이의 행동도 단계별로 머릿속에 그러가며 이루어진 것은 이닐 겁니다. 이런 행동이 가능했던 이유는 상대방을 배려하고 공감하는 마 음이 준혁이에게 자연스럽게 자리 잡고 있기 때문이지 않을까요.

교실 속 숨은 보물찾기

자신도 모르게 미역국을 쏟은 3학년 아이의 행동처럼 자신도 모르게 3학년 아이의 마음, 함께하는 많은 사람의 마음을 헤아린 준혁이의 행동.

이것이야말로 함께 살아가는 세상에서 준혁이가 가진 큰 자산임을 느끼며, 저 또한 우리 준혁이에게 배우는 시간입니다.
저도 모르게 아이들의 마음과 입장에 푹 빠져보는 삶을 꿈꾸며…
오늘도 사랑스러운 우리 6학년 아이들과 함께합니다.

✏️ '배움이 일어나는 곳! 바로 삶!'

교사는 학생을 지도해야 한다는 마음으로 평소 아이들의 부족한 점에만 꽂혀 있었던 것 같습니다. 아이의 긍정적인 모습에 집중하고 이를 수업의 좋은 사례로 적용할 수 있는 것. '미역국 투척 사건' 속 준혁이의 삶을 통해 준혁이 자신에게도, 아이들에게도 의미 있는 배움이 일어났길 바랍니다.

✦ 10　모두가 갑이 되는 '섬기는 리더십', 서번트 리더십(servant leadership)

　　개인적인 사정 때문에 칭찬 문자를 저번 주에 보내드리질 못하고, 한 주를 걸러 보내드려요. 죄송합니다.

　공동체로 구성된 모든 사회 조직에는 리더가 존재하고, 이 조직을 이끌어가는 지도자의 역량에 따라 조직의 품격이 달라집니다.

　'서번트 리더십(servant leadership)'이란 다른 사람을 섬기는 사람이 리더가 될 수 있다는 내용의 이론이에요. 직역하면 '하인의 리더십'이지만 국내에서는 '섬기는 리더십'으로 알려졌지요.

　'다른 사람의 요구에 귀를 기울이는 하인이 결국은 모두를 이끄는 리더가 된다.'는 것이 이 이론의 핵심이에요.

　너무 시작이 거창하죠? 전 준혁이가 서번트 리더십을 가지고 이 사회의 리더가 될 가능성이 매우 크다고 생각해요.

　준혁이는 '어디선가~ 누군가의~ 무슨 일이 생기면~' 노래 가사처럼 무슨 일이 생기면 가장 먼저 달려오는 친구입니다.

　몇 주 전. 수업 시간 하연이기 공부하다가 책상에서 무언가를 떨어뜨렸습니다.

　바로 개인용 연필깎이.

　연필깎이 통 속에 모여져 있던 연필 가루들이 교실 바닥에 흩뿌려짐니다. 다들 "어! 어!" 하는 동안 준혁이는 어느새 청소기를 찾아 들고 와 콘센트에 청소기를 연결합니다. 그리고 교실 바닥의 연필 가루들을 치우지요.

요즘 체육수업 시간의 운동 종목은 '배구'입니다. 몇 주 전 제가 허리를 삐끗하여 무거운 배구 지주대를 끙끙거리며 세우고 있는데 어느새 나타난 준혁이. 도움이 필요한 것이 무엇인지 살펴보며 제가 불편하지 않게 서포트를 해 줍니다.

> 선풍기를 청소할 때도.
>
> 심부름할 때도.
>
> 1, 2학년들에게 캠핑 의자를 배달해줄 때도.
>
> 무거운 물건을 들고 있는 누군가를 발견할 때도.

자신이 필요하겠다 하는 상황에 그 누구보다 가장 먼저 달려가 '섬기는 리더십'을 펼치며 아이들의 본보기가 되어줍니다.

요즘 배움 중심 수업 속 교사의 역할은 '활동 속 숨은 조력자'가 되어주는 것입니다. 교사 주도의 일방적인 지식 주입이 아니라, 아이들이 스스로 자신의 배움 과정을 주도할 수 있도록 교사는 묵묵히 뒤에서 조수 역할을 하며 발 빠르게 도움을 주는 것이지요.

학교의 교사뿐만 아니라 나라를 이끄는 정치가들도, 가정의 가장(家長)도, 기업체의 사장(社長)도 '을'의 입장에서 조직원을 섬기는 자세가 중요합니다.

내가 '갑'이 되는 것이 아닌 '을'의 위치에서 모든 사람을 '갑'으로 만들어

주는 사람이 바로 '실제 갑'이 되고. 결국 모든 사람이 '갑'이 되는 세상.

준혁이는 리더가 되기 충분합니다. 좋은 성품과 자질을 바탕으로 세상의 진짜 '갑'이 될 수 있도록 작은 힘이나마 함께 하겠습니다.

🖋 '포용력. 타인을 받아들이는 자세'

약육강식의 세상. 우리 사회가 혼란스럽고 시끄러운 것은 상대방을 존중하고 배려하는 포용의 마음이 결여된 데에서 비롯할 것입니다. 상대의 가치를 인정하고 배려함으로써 결국 상대를 아우를 수 있는 '섬김의 리더십'. 준혁의 모습을 통해 빛나는 내일의 세상을 그려봅니다.

교실 속 숨은 보물찾기

✦ 11 매일 매일 들려오는 혁이 오디오북!

평소 준혁이가 글을 자연스럽게 잘 읽지 못하고, 글씨가 너무 개성(?) 있어서 어떻게 지도하면 좋을까 고민을 많이 했지요.

그러다가 너무 부담 주지 않는 선에서 천천히 해 나가보자 결심하고 준혁이에게 숙제를 내어줬지요.

'어떤 책이든 상관없으니 책 한 장을 음독(소리 내 읽기)하고, 읽은 내용을 공책에 또박또박 적어 메시지 보내기'.

당황스럽겠지만 그래도 우리 착한 준혁이 제 말에 수긍합니다.

매일매일 저녁에 들어오는 음성과 사진 메시지. 처음에는 무슨 이야기인지 띄엄띄엄 잘 전달도 되지 않고, 글씨도 알아보기 쉽지 않았어요. 그래도 칭찬을 매일매일 날려줍니다. 그러던 중 특히 어제 보낸 음성 메시지를 들으며 흠칫 놀랐어요.

발음도 조금씩 나아지고, 글도 잘 전달될 수 있도록 자신 있는 목소리로 책을 읽는 모습이 보였거든요. 아이들의 성장은 참 신비스럽습니다. 성실하게, 자신 있게 임하는 것이라면 충분히 긍정적으로 변화된다는 사실을 한 번 더 체감하며 오늘도 준혁이의 오디오북을 기다려봅니다.

아직은 미완성이지만, 쑥쑥 자라나는 준혁이에게 많은 칭찬과 응원 부탁드려요~! 꼭 졸업 전까지는 '자연스러운 글 읽기', '(어머님의 예쁜 글씨처럼 되기는 힘들 수도 있지만) 의미 전달이 가능한 글씨'가 되도록 준혁이와 함께 노력해보겠습니다.

💬 '작심삼일이 아니라 작심일회로 하면 된다!'

작심삼일. 듣기만 해도 많은 사람에게 뼈아픈 단어입니다. 결심이 얼마 되지 않아 흐지부지되면 자신을 '실패자'로 규정하고 세웠던 결심을 아예 내던져 버립니다. 저의 스승님께서는 이런 생각을 전환해 주셨습니다.

'하루에 한 번씩을 목표로, 작심일회로 하면 됩니다.'

하루도 빠짐없이 들려오는 준혁이의 오디오북을 청취하며 작심일회의 가치를 되새기게 됩니다.

교실 속 숨은 보물찾기

✦ 12 놀이와 공부, 두 마리 토끼

　　　　　잘 지내셨나요? ^^

지난 목요일 준혁이와 상담을 했어요.

"요즘 기분은 어때?" 물으니

"학교에 오는 게 참 재밌어요."라고 답을 합니다.

"그래? 뭐가 재미있는데?" 다시 물으니

"친구들이랑 게임 이야기하는 것도 재미있고, 장난도 치니까 재미있어요."라고 밝게 대답합니다. 학교에 오는 게 그래도 즐겁다니 참 다행이었습니다.

　그러다 개학 날 방학 때 부산에 가서 즐거웠다는 이야기를 들었던 것이 생각나서 하나 더 물어봤어요.

"방학 때 부산에 갔을 때 뭐가 즐거웠어? 누나들이 잘 해줬어?"

　준혁이의 대답은 제 예상외였죠.

"할머니, 외삼촌이랑 같이 있는 게 너무 즐거웠어요."

"아~ 그래? 할머니, 외삼촌이랑 뭐 했는데?"

"별다르게 한 건 없는데… 할머니는 '게임 재밌니?' 물어봐 주시고, 재밌게 하라며 응원도 해주셨어요, 외삼촌은 저처럼 게임을 좋아하시거든요? 그래서 외삼촌이랑 게임 이야기를 많이 할 수 있어서 참 즐거웠어요."

'준혁이는 자신이 좋아하는 것을 함께 관심 가져주고, 적극적으로 이야기 나눠주는 것만으로도 참 행복해하는구나. 참 순수하고 사교적이구나.'라는 생각이 들었지요.

요즘 매일매일 과제를 내어주는 '책 한 장 소리 내어 읽기, 글 한 쪽 쓰기'에 대해서도 어떤 생각이 드는지 물어봤어요.

하기 싫다는 대답을 예상했지만 준혁이의 대답은 전혀 다른 양상으로 흘러갔지요.

"제가 책을 소리 내어 읽고, 읽은 내용을 글로 써보니까 점점 실력이 늘고 있어서 좋아요. 재미있는 건 아니지만 그렇다고 스트레스받는 것도 아니에요."

준혁이 스스로 제가 낸 과제의 유익함을 스스로 인식하며 긍정적으로 받아들이고 있음에 참 감사한 순간이었습니다.

이내 욕심이 올라옵니다. '아직 여러모로 부족한데 숙제 양을 좀 더 높여서 책을 좀 더 많이 읽게 하자! 글씨를 좀 더 많이 쓰게 하자!'

이놈의 또 선생질… 바로 정신을 차리고 멈추어봅니다.

"게임 좀 그만해. 공부 좀 더 해라."

두 문장의 말을 듣고 아이들이 놀이와 공부의 균형감을 찾으면 좋겠지만 실상은 전혀 그렇질 못하죠. 아이들은 이 두 문장의 말을 듣는 순간 그저 자신을 속박하는(하고 싶은 걸 못 하게 하고, 하기 싫은 걸 억지로 시키는) 잔소리로만 들으니까 말이죠.

준혁이의 할머니와 외삼촌께서 하신 말과 행동을 가만히 생각해보며 '준혁이가 즐기고 있는 게임에 대하여 진심으로 긍정적인 관심을 두는 것', '공부하면 자신에게 어떤 도움이 되는지를 스스로 느끼고 체험할 수 있는 기회를 주는 것'. 이 두 가지 과제를 따로따로 분리하여 꾸준히 챙겨주다 보면 자기 자신이 생각하는 접점을 나름대로 찾아갈 수 있지 않을까 기대하며 이맘때 준혁이의 선생님으로서 제 역할이 얼마나 중요한 것인지 머물러보게 됩니다.

📝 '두 마리 토끼를 잡으려다 다 놓쳤다?'

한꺼번에 잡으려니 놓치는 것이 아닌가 생각하는 시간입니다.
'한 마리 토끼를 확실히 잡고 또 한 마리 토끼가 올 때까지 기다려보자.'
조급한 마음과 욕심을 내려놓고, 한 가지 과제에만 차분히 집중해 봅니다.

오늘도 안전하게 구출했다!

저번 주 국어 수업 시간에 '자신이 꿈꾸는 삶의 모습'을 떠올려보고 그림을 그려보는 시간을 가졌어요.

준혁이는 24살 자기 모습을 아래의 그림으로 그려내었답니다.

(미술 시간이 아니라 국어 시간이었어요. 그림은 평가하지 마세요. 대신 글씨는 많이 좋아지고 있어요^^)

SSU. 해군 해난구조전대. 해군에 있는 해난구조 전문 특수 부대인가 봐요.

"너 정말 SSU가 되어 바닷속 위험에 빠진 사람들을 구출하고 싶어?"

준혁이가 대답합니다.

"유튜브에서 SSU를 보게 되었는데 구출하는 마음과 기분이 어떤지 느껴보고 싶어요."

유희적으로 영상을 보고 가볍게 생각하는 부분일 수도 있지만 13살의 어린이에겐 무엇이든 무겁지 않고, 쉽게 바꾸며, 걸리는 생각 과정이 많이 없는 게 오히려 자연스럽고 정상이지요. 전 이런 아이들의 천진함, 융통성, 자유로움이 시간이 지날수록 참 좋아요.

사람을 살리고 싶다.

사람을 살렸을 때 기분을 알고 싶다.

그렇다고 아이의 그저 가벼운 생각으로 치부하기에는

"사람을 살리고 싶다, 사람을 살렸을 때의 기분을 알고 싶다."란 준혁이의 생각은 진중하게, 일관적으로 두고두고 간직하면 좋을 참으로 숭고한 가치이겠죠.

사람을 생각하는 마음.

함께하는 세상에서 먼저 도움을 주고 싶은 마음.

그 아름다운 마음을 가지고 있는 준혁이. 학교생활 속에서도 뚜렷하게 볼 수 있답니다.

SSU 대원이 아니더라도 사람을 위하고, 사람을 향해 마음 쓰는 큰 사람이 되길 바라며 오늘도 준혁이의 선생님으로서 최선을 다해봅니다. 필승!!

✏️ '사람을 위해! 사람을 향해!'

제가 준혁이를 보며 미래의 소방관을 떠올렸더니, 준혁이는 미래의 자신을 보며 SSU 대원을 떠올렸네요. 불은 무섭고, 물은 안 무서운가 봅니다. 소방관도, SSU 대원도 똑같습니다. '자신의 생명을 담보로 타인을 살리는 고귀한 사람들'이지요.

저도 아이를 위하고, 아이를 살리며, 아이를 향해 마음 쓰는 큰사람이 되고 싶습니다.

✦ 14 자! 괜찮아! 할 수 있어!

너무 오랜만에 인사드리네요~

우리 준혁이 칭찬 문자 다시 가동합니다.

얼마 전 5, 6학년 합동 체육 시간에 빅 발리볼을 가지고 배구 변형 게임을 해 봤어요. 한 아름 정도 되는 큰 공을 가지고 같은 팀 친구들과 협동하여 네트를 넘기는 게임인데 준혁이 팀 5학년 친구 하나가 똑같은 실수를 반복합니다. 보다 못한 제가 그 친구에게 한마디 지도를 하게 되었어요.

"○○아~공을 받으려 하면 옆 친구와 겹치지 않게 '마이!'를 외치고 받아야지!"

의도한 건 아니었지만 ○○이가 위축된 듯 보이며 준혁이 팀이 전체적으로 경직됩니다. 그러자 우리 서상초 운동 짱 준혁이가 바로 말을 보탭니다.

"다들 잘 들었죠? 우린 이제 '마이!'의 중요성을 알았습니다. 자! 괜찮아! 할 수 있어!"

그러자 분위기가 한순간에 싹~ 풀리며 아이들이 노래를 부릅니다.

"괜찮아~~ 잘~될 거야!"(이한철의 슈퍼스타 노래)

실수하는 아이는 자기 스스로도 계속 실수해서 속상했을 텐데 제가 지적까지 하니 또 얼마나 의기소침했을까요?

너무 가볍게 선생질한 제 모습을 반성하며, 자칫 생기 없이 처질 뻔한 체육수업을 우리 준혁이가 분위기를 바짝 끌어 올려줍니다.

승부에 집착하기보다는 함께하는 친구들과 즐겁게 신나게 체육수업을 이끌어가는 우리 준혁이의 참 예쁜 마음! 오늘도 감동하며 칭찬합니다!

🏅 '그것밖에 못 해? 좀 똑바로 해!'

부끄럽지만 제가 너무나도 많이 썼던 말입니다. 남자 교사들은 보통 체육 업무를 많이 하게 되고, 학교의 이름을 드높이기 위해(?) 다양한 체육대회에 아이들을 데리고 다니게 됩니다. 소리도 참 많이 지르고, 닦달도 참 많이 했습니다. 어떻게든 이겨보려고요. 일 년간 준혁이의 보물 같은 모습들을 바라보며 참 부끄럽습니다. 작은 것 하나에도 꾸준히, 소중히 바라보고 응원해 준다면 성장과 행복의 결과는 떼놓은 당상입니다.

"진짜 많이 좋아졌는걸? 잘하고 있어! 나의 애제자!"

★ 부모님이 찾은 준혁이의 보물 ★

 우리 준혁이는요. (Feat. 엄마)

❶ 잘 생겼다.

❷ 마음이 따뜻하다.

❸ 친구들과 사이좋게 지낸다.

❹ 밥을 잘한다.

❺ 엄마, 아빠를 생각하는 마음이 크다.

❻ 웃음이 멋지다.

❼ 운동을 잘한다.

❽ 엄마가 해주는 음식을 맛있게 잘 먹어준다.

❾ 힘든 일도 끝까지 노력하며 열심히 한다.

❿ 약속을 잘 지킨다.

우리 준혁이는요. (Feat. 아빠)

❶ 멋지다.

❷ 착한 마음을 가졌다.

❸ 성실하다.

❹ 노래를 잘한다.

❺ 배려심이 많다.

❻ 달리기를 잘한다.

❼ 웃음이 많다.

❽ 심부름을 잘한다.

❾ 누나들과 사이가 좋다.

❿ 가족을 많이 사랑한다.

6 두나의
숨은 보물찾기!

◆
◆
◆
◆
◆
◇

✦ 01 친근함과 적극적 도움,
그 속의 따뜻한 사랑!

드디어 오늘 금요일. 두나의 날이네요^^

먼저, 오늘 매우 유감스러운 일이 있어서 고백합니다. 제가 장난기가 많아 두나에게 짓궂은 일을 시켰는데 결국 속상해서 울어버렸답니다. 미안하다 싹싹 빌고… 참 부족한 담임입니다. 두나에게 정말 미안했답니다. 어머님께도 예쁜 따님을 울려서 죄송합니다.

며칠 전 올해 첫 자치활동 회의(다모임)를 했어요.

첫 시간에는 제가 주도로 안내하고, 가면 갈수록 두나가 사회를 볼 수 있도록 하였는데 저와 두나의 지도력 차이(?)를 여실히 느낀 시간이었습니다. 제가 지도할 때는 1, 2학년들이 떠들고 난리가 났는데, 두나가 무대에 서니 모든 친구가 똘망똘망 집중. 또 집중.

다모임이 끝난 후 다른 반 선생님들에게 연락이 왔어요. 무슨 일이 있었는지 다모임을 다녀온 후 "진짜 두나 언니 예뻐. 그치?" "두나 누나 최고예요!" 이런 팬심 어린 메아리가 들려왔다고 합니다.

평소 두나가 동생들에게 하는 친근감과 적극적인 도움. 그 속에는 따뜻한 사랑이 잘 담겨있어요. 리더로서 주어진 상황에 겁내지 않고 대범하게 이끌어 나가는 모습도 정말 대단합니다.

장래 희망을 회사원이라고 했는데 남 밑에서 회사원을 하기 너무 아깝습니다. 선한 영향력을 미칠 수 있는 보기 드문 아이입니다.

제 생각에 우리 두나는 개인적으로 초등학교 선생님이 참 잘 어울리는 것 같아요(오늘 진로 발달 검사를 했는데 초등학교 교사가 쓰여 있어 깜짝 놀랐어요).

잘 보입니다. 얼마나 두나가 부모님께 사랑받고 있는지. 참 예쁘고 든든한 막내딸을 두셨어요. 저도 이런 예쁜 아이를 제자로 맞이하게 되어 참 기쁩니다. 짓궂은 장난은 삼가며, 두나 회장님과 함께 슬기롭고 알찬 학급 운영 및 학생 자치 활동을 잘하도록 하겠습니다. 즐거운 금요일 오후 되세요.

💾 '아이들끼리 서로 가르치고 배우기의 효과'

가르치는 아이는 시행착오와 오류를 최근에 경험했기 때문에 배울 아이의 수준에 맞는 해법 또한 더 자세히 알고 있습니다. 또, 동료 학습자이기에 더 친밀한 언어적 상호작용이 가능하지요. 그래서 배우는 아이에게 교사의 언어보다 선배나 친구의 언어가 더 효과적일 수 있습니다.

배우는 아이에게만 효과가 있을까요? 절대 아닙니다. 학습한 내용을 가장 오래 기억하는 방법은 '친구에게 내용을 설명하기'라고 알려져 있습니다. 가르친다는 것이 그 누구보다 자신에게 큰 도움이 된다는 것이지요.

오늘 우리 반 수업을 하고 제일 많이 학습 내용을 기억하는 사람은 누구일까요? 바로 접니다.

저에게만 유익하지 않도록 아이들끼리 서로 가르치고 배우는 활동을 통해 서로가 win-win하는 교육 활동을 진행하려 합니다.

✦ 02 자기주도적 삶의 시작!

　　즐거운 금요일. 이번 주 마지막 칭찬 주자 두나를 떠올리며 더 행복한 하루입니다. 어제 어머님 생신이셨죠? 생신을 축하드려요~!

두나가 엄마를 위해 만들고 싶다는 미역국을 내심 기대했는데 아쉽더라고요. 두나와 이야기하며 "다음에 우리 실과 수업 시간에 미역국을 함께 끓여보고, 다음 생신 때는 자신 있게 해보자!" 하니, "오~~좋아요!" 하는 두나의 대답에 빙그레 웃게 됩니다.

모든 인간관계에서 시작점은 바로 자기 자신이겠지요. 하지만 아이들은 아직 어른들에게도, 또 자기 자신에게도 자신이 삶의 시작점이라는 사실을 충분히 받아들이지 못해요. 그래서 타인의 인정과 칭찬에 항상 목이 마르지요.

두나는 올해 전교 어린이회장으로서 임하는 시간이 엄청난 성장의 발판이 될 것이라는 점은 부정할 수 없는 사실이에요. 두나의 성향 자체가 공동체를 적극적으로 이끌어 낼 역량도 있을 뿐만 아니라 권위의식 없이 낮은 자세로 함께할 수 있는 사랑이 참 많거든요.

아직은 많이 서툴 수 있지만 가정에서도 야무진 막내딸에게 주도적으로 시작할 수 있는 무엇이든 정해서 도움을 청해보세요. 그 순간 한 뼘 더 성장한 최두나를 보실 수 있을 거예요.

🖊 '리아가 할 거야!'

두 돌 갓 지난 우리 둘째 딸의 외침입니다. 옷을 입을 때도, 양치할 때도, 밥을 먹을 때도 섣불리 도와줬다가는 이 말을 듣게 됩니다.

미국의 정신분석학자 에릭 에릭슨의 인간발달 8단계에 의하면, 이 나이대의 아이들은 끊임없이 탐색하고, 시도하고, 실수하면서 자신의 한계를 시험해보기 시작한다고 합니다. 이를 통해 의지력과 독립심을 함양시키며 자기 자신에 대한 신뢰감을 발달시키면서 말이죠.

우리 초등학생 시기의 아이들은?

아이가 무엇인가 성취하도록 인정과 격려를 해주면 '근면성'을 갖게 되고, 비난이나 좌절감을 경험하면 '열등감'을 갖는 시기라고 설명합니다.

에릭 에릭슨 형님 말씀 믿고! 열심히 아이들에게 인정과 격려를 해보려 합니다.

✦ 03 리더의 역할과 책임

드디어 금요일이네요. 흐린 날씨와 세월호 7주기가 겹쳐 마음이 다소 무거운 하루입니다.

요즘 우리 두나 간간이 장난도 잘 치고, 전체적으로 활발한 하루를 보냈어요. 학교에서 자치 활동을 활성화하다 보니 자치회의 리더인 두나가 여러모로 부담스러운 일들이 잦습니다.

여러 활동을 리더로서 주도적으로 생각하고 준비하는 건 매우 힘든 일이에요. 그런데도 쉬는 시간마다 열심히 자치 활동을 고민하고 찾아보는 두나. 힘들겠지만 끝까지 포기하지 않는 모습. 바라보기에 참 대견합니다.

한 뼘 한 뼘 성장하는 모습 많이 응원해주시고, 칭찬해주세요~!

주말 잘 보내세요~!

무~야~호!(요즘 두나가 자주 쓰는 추임새입니다.)

교실 속 숨은 보물찾기

✎ '포기는 배추를 셀 때 쓰는 말이다!'

'포기하지 마!'라는 말을 언어 유희적으로 쓰는 요즘 유행어입니다. 두 문장의 차이점은 무엇일까요? '포기하지 마!'는 강압적이고 명령조이며 포기를 했을 때 부정적인 감정이 들 것 같습니다. '포기는 배추를 셀 때 쓰는 말이다!'는 좀 더 밝고 친근하며 포기를 했더라도 아쉽지만 피식 웃어 보일 수 있을 것 같습니다.

저는 일 년 동안 두나의 곁에서 좀 더 밝게! 배추의 포기를 세어보려고 합니다. '포기하게 된 순간에 초점을 맞추어 절망하기'보다 '그동안 열심히 한 과정과 포기하더라도 한 번 더 라이트하게 시도해보는 것'이 훨씬 더 중요하니까요!

에릭 에릭슨 형님 말씀이 또 생각나는 하루입니다.

✦ 04 리더십이 쑥쑥!

　　이번 주는 교과수업뿐만 아니라 다음 주 자치행사 협의를 위한 학생 다모임, 전통문화 체험 교육, 텃밭 가꾸기 활동 등 다양한 활동을 했어요.

　　요즘 두나의 리더십이 쑥쑥 영그는 모습을 보고 있답니다. 혼자 전교생들을 이끌고 다음 주 자치 활동 행사를 안내하고, 활동 방법을 지도하는 모습. 부모님이 직접 보셨다면 깜짝 놀라셨을 거예요.

　　공식적인 상황에서 두나의 또박또박한 어조와 전달력, 꼼꼼한 준비성, 후배들에게 관심을 기울이는 마음 등이 반짝반짝 빛을 내는 순간이었답니다.

　　다모임을 마무리하는 시간 "다음 주 자치 행사가 기대되지요?"라는 저의 물음에 저학년 아이들이 눈치 없이 "아니요!" 했다가 두나가 좀 힘이 빠지는 모습을 보이긴 했지만요. 금방 털고 행사를 잘 준비하는 모습에 흐뭇했답니다.

🖊️ '학교의 주인은 누구일까요?'

저학년 아이들에게 물어보면 '교장 선생님'이란 말이 종종 나옵니다. 실제로 학교의 주인은 학생이라는 인식이 부족한 이유는 바로 학교에서 학생 스스로 결정할 수 있는 것이 거의 없기 때문입니다.

선생님의 개입 없이 스스로 이루어나가는 주체가 되어 결정하고 책임지는 경험을 주는 것이 '학생 자치 활동'입니다.

민주주의를 책으로 배우는 것이 아니라 학생 자치를 통해 직접 경험한다면 교육의 효과는 훨씬 더 클 것입니다.

학교의 주인은 '우리들이요!'라고 모두가 큰 소리로 외치는 서상초등학교 아이들이 되기를 바라며 자치 활동 업무 담당자로서 부족하지만, 최선을 다해 봅니다.

◆ 05 　마음은 언어를 초월해요!

　　　　좋은 시간 보내고 계세요?

　오늘은 아이들에게 영어를 가르쳐주신 파티마 선생님과 헤어지는 날이었어요. 너무 급작스러운 상황이라 선생님들도, 아이들도 어안이벙벙. 소식을 전해 들은 아이들은 온종일 영어실을 들락날락. 교실에 들어올 때마다 눈이 팅팅 부어 오는 두나의 모습 보며 안쓰럽기도 하고, 두나의 정 많은 모습 참 예뻤어요.

　특히, 파티마 선생님에게 보낼 영어 편지 쓰기 시간을 줬더니 영어로 A4용지 한 장을 가득 채워 보내더라고요. 그만큼 두나의 이별에 대한 아쉬움, 파티마 선생님에게 감사하고 위로하는 마음이 가득 보인 하루였답니다.

　　　　　　　　　　　　　　　　교실 속 숨은 보물찾기

Enjoy English class!!

🎐 '한국인은 무엇으로 사는가?'

한국인만의 독특한 심성! 바로 '정(情)'입니다. 한국인의 정을 처음 소개한 외국인은 17세기 네덜란드인 하멜이라고 알려져 있습니다. 하멜의 표류기에 보면 '우리 일행이 이 세상 어느 나라의 기독교 신자들로부터 받은 대우보다 이 나라 사람들로부터 받은 대우가 더 인간적이었다.'며 한국인의 '정(情)'에 대하여 증언하고 있습니다.

고운 '정(情)'도 있지만 미운 '정(情)'도 있는 한국인의 '정(情)'. '이해관계'를 떠나 '함께하는 시간'만큼 자연스레 쌓여 지는 한국형 인간관계 '정(情)'!

4년 동안 영어 수업을 함께 했던 파티마 선생님에게 준 우리 아이들의 '정(情)'은 얼마만큼이었을까요?

고향인 남아공으로 가신 파티마 선생님이 우리 아이들을 회상하며 하멜처럼 한국인의 '정(情)'을 떠올리지 않을까 싶습니다.

✦ 06 글로벌하게, 우리들끼리 놀아보자!

그리고 엊그제는 아이들이 열심히 준비한 '글로벌하게 놀아보자!'자율 자치 행사 날이었어요.

대한민국, 중국, 베트남, 일본 네 나라의 전통 민속놀이를 스스로 만들어보고, 미션 활동을 통해 각 나라의 간식을 가져가는 활동이었는데, 두나는 중국의 전통 놀이 '꽃팽이' 부스에서 선생님 역할을 하였답니다.

꽃팽이를 직접 쉽게 만들어 볼 방법을 연구해보고, 중국을 대표하는 노래도 선정해보고, 예쁘게 꾸민 간판과 디자인자료를 가지고 부스를 꾸미며 전교생 아이들에게 재미있고, 유익한 시간을 만들어 주었답니다.

이번 자치 활동에서 동료 교사들에게 절대 간섭하지 않고 지켜만 보시라고 제가 엄포를 놓았어요. 두 시간 내내 두나 혼자 아이들 7명씩 처음부터 끝까지 가르치느라 끝나고 녹초가 되었지만 끝내 스스로 해냈다는 안도감, 전교생 아이들의 재밌었다는 소감과 고맙다는 박수 소리를 들으며 큰 보람을 느꼈을 겁니다.

갈수록 기대가 됩니다. 한 뼘 더 한 뼘 더 성장한 두나의 모습.

교실 속 숨은 보물찾기

🔵 '학생 자치 활동을 좀 더 유익하게 하는 방법은?'

매주 금요일 오후. 3~6학년 학생들은 서로 머리를 맞대고 자율 자치 행사 주제에 대하여 열띤 협의를 합니다. 주제는 열이면 열! 놀이(노는 것)입니다. 놀 것 중에서 하나를 선택하고 저에게 무엇을 할 건지 이야기해줍니다. 그제 야 제가 해야 할 일이 생깁니다. 아이들이 선정한 놀이에 유익함을 녹여내려 는 방법을 고민하고, 준혁이 덕분에 알게 된 '게이미피케이션 교육'을 접목해 봅니다. '미션-피드백-보상' 게임의 과정으로 활동의 흐름을 정하고, 세계 여 러 나라의 문화를 '오감'으로 직접적인 경험할 수 있도록 놀이의 범위를 넓혀 줍니다. 그러고 나서 저는 홀연히 사라집니다. 학생 자치 활동은 '학생들이 전부 알아서 하는 것이다?' 저는 절대 아니라고 생각합니다. 아이들의 생각 에 함께 들어가 '몰래' 유익한 배움의 한두 방울을 떨어뜨려야 합니다. 단, 절 대! 세 방울 이상은 안 됩니다.

◆ 07　제가 서 있는 이 자리에 두나가 함께?

　　2년 전 방학 캠프가 있는 어느 날. 집사람의 둘째 출산으로 인해 제가 큰 아이를 데리고 학교에 온 적이 있어요. 그때 두나가 참 제 아이를 예쁘게 봐주고 보살펴주더라고요. 요즘에도 한 번씩 제 아이 소식을 물으며 보고 싶다고 말하는 두나의 말에 진심이 느껴지고 참 고마웠답니다.

　며칠 전 우리 집 아이가 저에게 하는 말.

　"아빠, 저번에 가져온 꽃팽이 있잖아. 유치원 친구들에게 나눠주고 싶은데 만들어 주면 안 돼?"

　"아빠는 만드는 방법 잘 모르는데…. 그거 잘 만드는 누나가 있거든? 아빠가 물어보고 만드는 방법을 알아 가지고 올게."

　다음 날. 두나에게 상황을 이야기하고 물어봤죠. 그랬더니 두나가 스무 개도 넘는 그 많은 꽃팽이를 다 접어 저에게 주지 않겠어요?

　아들에게 이야기했더니 그 누나에게 고맙다는 영상 편지를 보내고 싶다며 촬영을 부탁하더라고요. 두나가 그 영상을 보고 "리오가 좋아했다니 다행이에요." 하며 도리어 더 많이 좋아해 주더라고요.

　두나가 우리 집 아이에게만 이럴까요? 당연히 아니죠!! 그냥 회장이 된 게 아니에요. 학교에 있는 동생들을 참 살갑게 보살펴주고, 친절하게 도움 주는 멋진 친구.

오늘은 '나의 꿈 발표회'가 있는 날이었어요. 학기 초 상담 때 희망 직업이 '회사원'이었던 두나.

어라? 어느새 초등학교 선생님으로 바꾸어 발표하였답니다.

혹시 제가 두나의 꿈에 좋은 영향을 미쳤을까? 조심스럽게 스스로 물어보는 시간입니다. 제가 서 있는 이 자리에 두나가 함께 있는 모습을 상상해봅니다. 참 잘 어울리고, 생각만 해도 밥 안 먹어도 배부른 듯 기분이 좋아져요.

아이들의 꿈은 자주 바뀝니다. 아이들의 꿈이 바뀌는 건 너무나도 자연스러운 일이기도 해요. 하지만 꿈을 꾸었다면 그 꿈을 향해 달려가는 의지와 열정을 하나둘씩 쌓으며 배우다 보면 다른 어떠한 꿈을 꾸더라도 그 꿈에 한 발짝 다가설 수 있는 사람이 되어가지요.

요즘 학생들을 가르치는 교사의 삶을 스스로 그려보고, 실제 생활에서 이를 위해 무엇이든 자신 있게 실천하며 그 마음의 씨앗을 키우는 두나.

참 좋습니다. 두나와 함께하는 올해 교직 생활, 굿! 굿! 입니다.

오늘도 예쁜 두나 모습 보며 행복한 하루 보내고 퇴근합니다.

두나를 예쁘게 낳아 키워주시고 저에게 보내주셔서 이렇게 보람 있는 시간을 누립니다. 감사합니다. 부모님.

🎖️ '난 너희들을 볼 때 한 아이의 아버지라 생각하고 본다!'

지루한 군대 이야기입니다. 제가 복무한 부대의 중대장님이 부대원들에게 한 말입니다. 전역 후 복직하고 아이들을 바라보며 중대장님이 한 말이 많이 생각났습니다.

존중. 내 학생이라고 내 맘대로 할 수는 없는 겁니다. 머리가 벗겨진 채(?) 아이들의 결혼식 주례를 서는 제 모습을 떠올려봅니다. 또, 다섯 명의 아이들이 부모가 되어 삶을 살아가는 모습을 그려봅니다. 다섯 명의 아이들만 저와 함께하는 것이 아닙니다. 그래서 더 정신이 번쩍! 차려지는 순간입니다.

◆ 08   밝고 순수한 마음을 지켜라!

　　　2019년 서상에 첫 부임을 하고 두나를 봤을 때를 생각해보면 무표정하고, 살짝 경직되어 있단 느낌을 받았어요. 첫인상이 그래서였는지 활발하거나 밝은 스타일이 아닌 줄 알았지요. 요즘 두나 모습을 보면 마스크에 가렸지만 눈웃음도 자주 보게 되고, 걸림 없는 밝은 웃음소리도 자주 듣게 되고, 말투에서 나오는 가볍고 활기찬 에너지가 저를 행복하게 한답니다.

　오늘 과학·영어 전담 선생님께서 메시지가 왔어요. 3월엔 너무 아이들이 어두워서 농담 삼아 "얘들아. 너희들 담임선생님한테 혼나고 왔나?" 할 정도였는데, 요즘 너무 활기차고 밝아져서 수업할 맛 난다고요. 참 좋습니다.

　지난주 어머님께서 보내주신 두나 어렸을 때 재롱 피우는 영상을 보며, 전 울었어요. 두나 재롱을 행복하게 바라보는 가족들의 모습이 그려지며 뭉클했고, 크다 보면 무뚝뚝해지기 마련이지만 학교라는 첫 사회생활 속에서 규칙과 규율, 의무와 책임 같은 가치를 배우고 행동 양식을 제한받으며 점점 아이들다운 생기와 활기가 사라지는 모습을 상상하니 마음이 아팠어요.

　제가 교사로서, 사회의 어른으로서 해야 할 가장 첫 번째 일은 '아이들이 가지고 있는 밝고 순수한 마음에 생채기 내지 않는 것'임을 더욱 느끼는 요즘입니다.

아이들이 자기 삶을 즐기고, 매사 주어진 환경 속에서 맘껏 기쁘게, 만족하며 생활하도록 도와주는 게 저의 가장 큰 목표가 아닐까 생각이 드는 요즘입니다.

저도 아이들처럼 그렇게 살고 싶습니다.

유별난 날씨 속에 농작물 피해 없으시길 바랍니다. 아버님 운행 길 안전하시길 바랍니다. 행복한 주말 보내세요.

🖊️ '피터팬증후군과 키덜트'

미국의 임상심리학자 카일리는 '신체적으로는 어른이 되었지만 책임은 지고 싶지 않아 자신의 의지로 무언가를 결정하지 않으려는 심리 상태'를 '피터팬 증후군'이라고 설명했습니다.

'키덜트'는 키드(Kid·아이)와 어덜트(Adult·어른)의 합성어로 성인이 되었는데도 여전히 어렸을 적의 분위기와 감성을 간직한 성인들을 일컫습니다.

저는 초등학교 선생님의 삶을 살수록 꿈꾸는 것이 있습니다.

'아이처럼 살자! 아이처럼 살고 싶다!'

피터팬증후군의 '책임을 회피하는 어른 아이'가 아닌 키덜트의 '아이의 감성을 간직한 어른 아이'가 되고 싶습니다.

✦ 09 삶의 주인으로, 세상의 주인으로 사는 법

오늘도 두나의 성장하는 모습 바라보며 뭉클하고 감사하며 행복한 하루입니다.

저는 장난기가 많아요. 언행도 가벼울 때가 많아 저 스스로 항상 아슬아슬하다 생각하죠. 저의 장난스럽고 가벼운 언행 때문에 두나에게 혼난(?) 기억이 세 번 정도 있어요.

첫 번째는 아이들 4학년 담임선생님 생일날.

아이들에게 선생님께 축하 문자 하나 보내라고 하다가 그날 만우절이기도 해서 장난기가 발동했지요.

"○○아~생일 축하해!"라고 아이 중 한 명의 핸드폰으로 문자를 보내고, 답이 오면 제가 아이의 핸드폰으로 쓴 문자라 말해준다 했지요. 저에겐 친한 후배 교사라 충분히 재미있게 상황을 만들 수 있다고 생각했어요.

대표로 두나가 손을 벌벌 떨며 본인의 핸드폰으로 문자를 보냈어요. 그러다 저의 장난기가 더 발동해 "나 말 안 해줄래!" 했어요.

두나는 "이건 아니죠!" 버럭 화를 내며 울어버렸어요. '너무 까불었구나.' 하며 사과하고 〈○○ 선생님의 만우절 겸 생일 이벤트〉가 마무리되었지요.

두 번째는 두나 어머님께만 보낸 가정통신문의 회수날.

아침에 깜박하고 두나가 제출해야 할 가정통신문을 안 거두었어요. 두나가 전담 수업을 하러 가고, 교실로 교감 선생님에게 전화가 옵니다. 시간이 촉박하여 가정통신문을 빨리 회수해달라고.

전 두나의 입 열린 가방을 보며 멈칫멈칫 기웃거립니다. '어! 가정통신문이 보인다!' 전 또 가벼운 생각으로 '괜찮겠지!' 하며 손가락 두 개를 넣어 가정통신문을 빼내고 교감선생님께 가져다 드렸습니다.

두나가 전담 수업 후 교실로 들어오고, 흘러가듯 편안하게 두나에게 이실직고를 합니다.

두나는 "이건 아니죠!" 버럭 화를 냅니다. '또 너무 가벼웠구나.' 하며 사과하고 〈가정통신문 절도사건〉이 마무리되었지요.

세 번째는 두나 〈흑역사 영상 소리 유출 사건〉입니다. 두나가 그리 생각해서 흑역사라 썼지만 저에겐 초 감동 영상이었지요.

어머님은 제 마음 아시죠? 저의 칭찬 문자 화답으로 어머님께서 보내주신 두나의 어린 시절 재롱 피우는 영상은 참 감동적이었어요.

두나의 재롱에 까딱 넘어가는 가족들의 웃음소리에 너무 감동받고, 한편으론 커가는 아이들이 학교 교육을 비롯한 여러 사회화 과정을 통해 경직되어가는 현재 아이들의 모습이 안타까웠지요.

아이들이 좀 더 자유롭고, 재밌고, 주도적으로 살 수 있게 하고 싶다. 나도 그렇게 살고 싶다. 다짐하는 날이었지요.

며칠 전 쉬는 시간. 두나가 우리 집 아이들이 참 예쁘다며 말을 건넵니다. 속으로 '너도 우리 집 아이들 못지않게 예쁘고 사랑스럽단다.' 하며, 몰래 어머님께서 보내주신 영상을 책상에 앉아 틀어봅니다.

헉!

소리를 줄인다는 것을 되레 키우는 바람에 재롱 노래 전주소리 "단단단단 단단~"이 교실 곳곳에 울려 퍼집니다.

두나는 "이건 아니죠!" 버럭 화를 냅니다.

'또 실수를! 너무 바보 같았구나.' 하며 바로 사과하고 영상 소리 유출사건이 마무리되었지요.

"이건 아니죠!" 버럭 화를 내는 것!

어리다는 이유 하나만으로 어른에게 화를 내는 것은 잘못된 것이라며, 학생이라는 이유 하나만으로 선생님에게 화를 내는 것은 예의 없는 것이라며, 어른이나 교사의 권위를 내세워 강압적으로 누르기 시작하면 그때야말로 아이들은 마음의 문을 닫아버리고 서로가 불행한 감정싸움이 시작되지요.

단순하게.

화를 내는 것은 '자신의 불쾌한 감정을 상대방에게 전하고 이를 알아달라는 신호'입니다. 두나는 화를 잘 냅니다. 잘 낸다는 것이 '화를 내

교실 속 숨은 보물찾기

는 횟수'가 아니라 '화로써 자신의 감정을 전달하는 데 효과적'이란 뜻이에요.

화를 내다보면 아이도, 어른도 급격한 감정변화를 겪으며 이성을 잃는 경우가 많습니다. 싸우다 보면 나중엔 '왜 우리가 싸우고 있었지?'하며, 그 이유도 새까맣게 까먹은 채 말이죠.

상대가 누구건 간에 누군가가 자신에게 부당한 요구와 강압을 행사한다면 반드시 그 행동을 멈출 수 있도록 정확하고, 명확하게 이야기해야 합니다.

어머님의 막내딸은 부당한 상황에 적극적으로 맞설 수 있는 성품과 에너지를 가지고 있지요. 전 그 점이 두나가 사회적으로 영향력이 더욱 높은 사람이 되길 바라는 또 하나의 이유랍니다.

또한, 중요한 성장점. 두나를 불쾌하게 만든 저의 행동에 적극적으로 맞서며 감정적으로 반응하다 보면 여러 가지 이유로 자신 스스로 더욱 불쾌한 감정이 여운으로 남으며 그 이후의 시간을 오래 망쳐버리게 되지요.

처음엔 좀 며칠 감정 여운이 남아 있더니 세 번째 화(흑역사 영상 소리 유출사건)를 낼 때는 저의 사과를 받아들이며 금세 편안한 감정 상태로 전환 시키지 않겠어요?

감정 회복력. 관계 회복력.

평상시 원래의 평화로운 상태의 감정으로 회복하는 힘.
평상시 원래의 관계 상황으로 회복하는 힘.

행복한 삶을 영위하기 위한 필수 조건이에요. 감정 회복력과 관계 회복력이 점점 더 많이 생기는 두나를 발견하게 됩니다.

또 하나 중요한 사실은 제가 두나를 생각하는 마음을 잘 알아주고, 두나도 저를 사랑으로 관심하며 제가 좀 잘못했어도 최대한 이해해주려는 마음을 갖고 있다는 사실입니다.

쓰며 뭉클합니다. 두나의 예쁜 마음.

> 1. 감정을 정확하게 표현하고!
>
> 2. 표현함으로써 부당한 상황을 멈추고!
>
> 3. 이 상황에서 찝찝하게 남아있는 감정의 회복력이 빠르고!
>
> 4. 무엇보다 관계하는 이의 입장을 생각하며 사랑과 관심으로 함께하려 하는 것!

두나의 이 네 가지 모습은 자연스레 삶의 주인으로 사는 확실한 방법이 될 것이고, 사랑하며 이 세상의 주인으로 사는 아름다운 방법이 될 것이라고 확신합니다.

어머님 막내딸. 인물입니다. 크게 키워주세요!
저도 제 한몸 다 바쳐 크게 키워보겠습니다!

교실 속 숨은 보물찾기

◆ 10 그냥, 서로가 함께~!

       열 번째 칭찬 문자네요. 벌써 이렇게 시간이 흘렀나 하는 아쉬움과 좀 더 마음 담아 아이들에게 관심하지 못한 지난 시간이 돌아봐지며, 더 이상 후회하지 않는 올해 교직 생활을 다짐해봅니다.

언젠가 두나의 카톡 프로필 사진에 자신의 MBTI 성격 유형을 올려 놓은 적이 있어요.

ESFP. '자유로운 영혼의 연예인'이라 불리는 사교적 유형이에요.

혼자 있는 걸 즐기지는 않고, 누군가와 함께하며, 이야기 나누는 걸 좋아하는 게 특징이지요.

성격 유형 검사 결과가 아니더라도 학교생활 속 두나의 모습을 바라보고 있노라면 정이 많고, 사교성이 높다는 것을 금방 알 수 있어요.

*원어민 파티마 선생님과의 갑작스러운 이별을 마주하게 되었을 때
   눈물 흘리며 쓴 장문의 영어 편지.

*스승의 날. 저에게 보낸 감사의 편지.

*점심시간마다 역도 하는 여학생들은 체육관에 가고, 남겨진 우준,
   준혁, 도훈, 지원이와 함께 어울리며 즐거운 시간을 주도적으로 만드
   는 모습.

*평소 친구들에게 먼저 따뜻하게 말 걸어주고, 친구들의 입장과 마음

을 유심히 살피는 모습.

*학생자치회의 리더로서 전교생들을 마음 담아 품고 다독이며 열심
   히 활동을 꾸려가는 모습.

*관계 속 갈등 문제를 적극적으로 해결하고, 다시 빠르게 관계를 회복
   하는 모습('이건 아니죠!' 관련 칭찬 글이 바로 증거!)

*며칠 전 우리 집 아이들이 아파 입원하였을 때도 쾌유를 기도하며
   저에게 보낸 응원의 메시지.

가정에서 어린이집, 유치원을 거쳐 초등학교 시기는 아이들이 보호
자(부모님, 선생님 등)의 울타리에서 점점 벗어나 본격적으로 독립적인 관
계를 맺는 첫 시기라고 볼 수 있어요.

아이들은 학교에서 정말 많은 시간을 보냅니다. 그런 만큼 친구, 선생
님과 관계가 좋으면 학교생활은 저절로 행복해지지요.

학교생활을 넘어 사람이 행복하게 사는 방법은 '좋은 느낌과 감정을
꾸준히 유지하는 것'이라고 생각합니다. 또한, '인간의 모든 감정은 관계
속에서 일어나니까 이 관계 상황 속에서 좋은 느낌과 감정을 꾸준히
유지할 수 있다면 자연스레 행복해지지 않을까?'라고 느끼게 되는 요즘
입니다.

제 생각이 맞는다면 행복의 열쇠는 바로 '관계하는 능력'이 되겠지요.
우리 두나가 벌써 가지고 있는 행복의 열쇠.

두나는 '그냥. 서로가 함께한다!'를 할 줄 아이입니다.

🏷 '그냥 서로가 함께~!'

저희 어머니께서 아주 좋아하는 시(詩)가 있어요.

그냥 / 문삼석

엄만
내가 왜 좋아?
- 그냥…,

넌 왜
엄마가 좋아?
- 그냥…

'그냥'이란 단어. 별 이유나 별 의미가 없는 것인 줄로만 알았는데… 생각해 보니 이유가 너무 많아 헤아릴 수 없어도 '그냥'이 될 수 있고, 존재 그 자체로의 온전한 수용과 존중으로도 '그냥'이 될 수 있음을 느낍니다.

"그냥 서로가 함께~!"

두나 따라 저도.
'그냥' 아이들과 함께하는 삶을 꿈꾸며….
오늘도 우리 두나와 함께합니다.

✦ 11 한 번 해 볼게요!

오늘 생각만 하고 있었던 '서상초 6학년 밴드'를 출범하였어요. 우리가 가지고 있는 악기는 총 3종류. 피아노, 기타, 우쿨렐레.

평소 다인이가 쉬는 시간에 피아노를 즐겨 쳐요. 정말 다인이만 치지요. 저는 우연히 학기 초반에 어머님 카톡 프로필 사진에서 두나 콩쿠르 사진을 발견했었어요. 다인이가 치는 피아노 연주가 참 듣기 좋으면서도, 두나가 어떤 마음일까 늘 궁금했지요.

이번이 기회다! 밴드를 구성할 때 먼저, 피아노 담당을 정합니다.

"다인이는 피아노를 원래 잘 치니까 다른 악기를 한 번 해보는 거 어때? 요즘 아빠가 기타도 사주셨고 하니까 기타를 한 번 쳐보자. 피아노는…. 두나가 한번 해볼래?"

"네? 제가요?" 주저하는 두나. 그래도 밀어붙여 봅니다.

오늘 음악 수업 시간에 밴드 첫 곡을 선정해봅니다. 여러 악보를 살펴보다가 가수 김창완, 아이유가 부른 '너의 의미'를 첫 곡으로 결정했지요. 기타나 우쿨렐레에서 쉬운 코드로 맞추다 보니 피아노 악보가 조금 불편한 상황에 놓인 듯했지요(제가 피아노를 전혀 못 쳐서 악보를 볼 줄 몰라 다인이와 두나에게만 맡겨놓은 상황이었어요).

두나가 피아노 앞에 앉습니다. 초집중모드로 악보를 들여다보며 조심스레 건반을 두드려봅니다. 혹여 힘들까 봐 다시 물어봤지요.

"두나 괜찮아? 할 수 있겠어?"

두나는 초반과 달리 자신 있는 목소리로 대답합니다.

"한 번 해볼게요!"

"이야~~ 좋아! 그리고 두나도 너무 잘 치는걸?" 이야기하며 처음 듣는 두나의 피아노 소리에 아빠 미소가 흘러나옵니다.

우리 밴드 이름도 지었어요. '1.2.3 밴드'. 1은 두나의 피아노! 2는 다인, 상보의 기타!, 3은 하연, 우준, 준혁의 우쿨렐레!

기대됩니다. 함께 음악 하며 행복한 나날들을 그려봅니다. 응원 많이 해주세요~!

🖊 'N+1 단계를 다룰 수 있는 지혜! 관심에서 시작됩니다.'

학생 자신의 수준에서 한 단계 뛰어넘을 수 있도록 하는 일. 교사의 가장 큰 역할이자 책임입니다.

어느 날 두나 어머님 카톡 프로필 사진에서 두나의 피아노 콩쿠르 사진을 보게 되었고, 이 작은 관심 하나가 씨앗이 되어 두나를 우리 1.2.3밴드의 피아니스트로 만들 수 있었습니다.

제가 피아노를 잘 치지 못해도 괜찮았습니다. 피아노를 잘 다루는 친한 친구 다인이가 옆에 있으니까요.

선생님이 다 가르치면 결국 선생님이 제일 많이 배워간다는 진리 아닌 진리를 되새기며 모두가 함께 성장하기 위해 서로 가르치고 배우는 장을 지혜롭게 열어주는 것이 저의 역할임을 깨닫는 시간입니다.

이 문자를 받고 며칠 뒤 두나 어머님의 말씀이 저를 참 기쁘게 했습니다.

"쌤! 두나가 생판 하지도 않아서 먼지만 가득하던 피아노 뚜껑을 열어 주말 내내 연습하고 있어요! 선생님은 아무나 되는 게 아닌가 봐요!"

✦ 12 요즘 부쩍 많이 친해졌어요

잘 지내셨나요?

지난 목요일 두나와 상담했어요.

"요즘 기분은 어때?" 물으니 "기분은 뭐 그럭저럭이에요."라고 답을 합니다.

"그럭저럭? 자세히 말해줄 수 있겠어?" 다시 물으니

"학교에 오면 이것저것 친구들과 즐겁게 할 수 있는 것들이 있어서 즐거워요. 근데 집에 있으면 딱히 할 일이 없어서 별로고, 학원에 가면 답답해요."라고 무덤덤하게 대답합니다. 집에 있을 때, 학원에 갔을 때 두나가 가지는 부정적인 감정 표현을 접하며 "우리 두나 여러모로 힘들겠구나." 마음 담아 공감해주려 표현도 해 보고, 또 학교 선생님으로서 학교에 오는 건 그나마 즐겁다니 참 다행이라고 이야기 나눠주었어요.

교우 관계에 대해서도 물어봤어요. 그랬더니 대충 "뭐~ 다 좋아요." 합니다. 다시 자세히 물어봅니다. 요즘 부쩍 달라진 두나와 하연이와의 관계를 떠올리며 말이죠. 그랬더니 역시나 우리 두나의 솔직하고 명확한 대답은 저를 너무 행복하게 했습니다.

"솔직히 6학년 1학기 때까지는 하연이랑 좀 서먹서먹했어요. 하연이가 평소 말없이 조용하기도 해서 말이에요. 근데 여름방학 연극캠프 때 우연히 같이 놀게 되었는데 하연이랑 같이 있으니 너무 재미있는 거예요. 그래서 요즘 부쩍 많이 친해졌어요."

평소 다른 친구들과는(특히 다인이!) 쫑알쫑알 이야기를 잘 나누는데, 하연이와는 뭔가 불편해 보였거든요. 근데 '어라?' 개학 후 하연이랑도 편하게 잘 지내길래 놀라면서 요즘 두 아이의 마음이 참 궁금했죠.

두나보다 먼저 하연이와 상담을 했었는데 하연이도 마찬가지로 두나와 관계가 점점 좋아졌다며 엄청 좋아하고 있었거든요. 학교생활이 훨씬 더 즐거워졌다며… 둘이 함께한 지 6년이 더 되었을 텐데 이제야 서로의 마음이 닿아 친해지다니. 사람과 사람과의 우호적 관계 형성은 '오랜 시간을 함께 있다고 이뤄지는 시간의 문제'가 아니라 '서로에게 터놓고 다가가 상대방의 마음의 문을 여느냐 마느냐'에 달린 문제임을 한 번 더 공부하는 시간이었습니다.

우리 반 자리 배치는 아이들 마음대로인데, 며칠 전 가운데에 두나가 앉고 오른쪽엔 하연이, 왼쪽엔 다인이가 바꿔 앉게 되었어요. 고개를 왼쪽~ 오른쪽~ 왔다! 갔다! 서로에게 관심 가지며 학교 생활하는 모습이 참 보기 좋습니다. 수학 시간에도 하연이가 모르는 문제를 어찌나 자연스럽고, 친구 기분 상하지 않게 친절하게 가르쳐주던지. 저보다 훨씬 더 잘 가르쳐주더라고요. 하연이도 더 집중하며 잘 따라 배우고요. 이러다 두나 때문에 선생님 잘리는 거 아닌지 모르겠네요.

하루하루 너무 기대되고 두나의 성장 과정을 바라볼 수 있음에 또 감사합니다. 생활하는 일상의 모습들 많이 응원과 격려해주시고, 칭찬 듬뿍 담아 표현해주세요~!

✦ 13 명랑 발랄 두나!

'점점 두나의 매력에 빠지면 곤란한데…'

어머님 카톡 문자가 머릿속에 맴도는 금요일입니다. 선생님을 계속 하다보면 가장 많이 살펴보는 것이 있어요.

아이들의 변화 모습. 학기 초에 비해, 저번 달에 비해 학습능력이 신장되고 있는지, 신체적 변화는 어떤지, 마음 상태는 좀 어떤지….

과거의 상황을 떠올리며 지금 이 순간 제가 아이에게 할 수 있는 역할이 무엇인지 생각해보게 되지요.

저번 어머님께서 보내주신 어렸을 적 명랑 발랄한 어린 두나의 영상 모습을 통해 '학교 생활하면서 명랑 발랄했던 두나의 모습이 점점 사라져 가는구나.' 아쉬워하며, 자유롭기보단 규율·규범 중심의 억압적인 학교의 모습이 두나를 억지로 그렇게 만든 건 아닌지 마음 아프게 바라봤지요.

언제 그랬냐는 듯 두나 요즘 모습을 보면 굳이 어린 시절 영상을 떠올리지 않아도 명랑 발랄 그 자체입니다! 자연스럽게 밝은 표정 지으며, 조잘조잘 재잘재잘 웃고 떠드는 두나가 참 예뻐요.

어머님 말씀처럼 두나의 매력에 푹 빠지는 하루하루입니다.

중학생이 되어도, 고등학생이 되어도, 대학생이 되어도, 누군가의 아내, 누군가의 엄마가 되어도…. 항상 밝은 에너지 뿜어주는 명랑 발랄! 최두나가 되길 바라며 오늘 하루도 즐겁게 함께합니다~!

✏️ '결국 마지막에 남는 것은 좋은 느낌입니다.'

두나가 웃습니다. 참 좋습니다. 두나가 버럭! 합니다. 참 좋습니다. 두나가 아이들을 이끕니다. 참 좋습니다. 두나가 피아노를 칩니다. 참 좋습니다. 두나가 포기하지 않습니다. 참 좋습니다.

6학년의 마지막. 우리 두나에게 남는 느낌은 무엇일까요?

★ 부모님이 찾은 두나의 보물 ★

우리 두나는요. (Feat. 엄마)

❶ 예쁘다.
❷ 엄마를 생각해주는 마음이 예쁘다.
❸ 3남매 중에 마음이 제일 착하다.
❹ 눈치가 빠르다.
❺ 화가 나도 참을 줄 알고 배려하는 마음이 예쁘다.
❻ 공부를 열심히 해줘서 예쁘다.
❼ 집안일을 잘 도와주고 언제나 도와주려고 한다.
❽ 많이 먹어도 살이 안 쪄서 예쁘다.
❾ 운동신경이 좋다.
❿ 엄마 딸로 와줘서 너무 좋고 대박이다.

우리 두나는요. (Feat. 아빠)

❶ 예쁘다.
❷ 항상 아빠 편이어서 예쁘다.
❸ 아빠를 잘 따라다닌다.
❹ 아빠 인마를 잘 해준다.
❺ 달리기도 잘한다.
❻ 아침에 일찍 일어난다.
❼ 활발하다.
❽ 할머니를 뵈면 인사를 잘한다.

6

모두의
숨은 보물찾기!

✦ 01 나를 진심으로 반겨주는 아이들

전 7살, 3살 자녀를 두고 있어요. 아침에 일어나면 아이들 아침먹이고, 등원 준비하다 보면 정신이 없지요. 급하게 하루를 시작하며 출근을 하곤 하는데, 저에겐 이 모든 걸 한번에 충전시켜주는 활력소가 있지요. 바로 아이들의 밝은 아침 인사입니다.

아이들은 제 걸음 소리를 기억하고 제가 복도에서 교실로 들어가기 전부터 어미 새를 바라보는 아기새 마냥 눈을 초롱초롱 뜨며 교실 앞 문을 쳐다보고 있지요.

문을 열면. 하루도 빠짐없이 저를 열렬히 환영해줍니다. 어떤 날엔 눈물이 고일 정도로 감사하죠. '이렇게 나를 반겨주는 사람이 있을까?' 할 정도로요.

우리 학교에 첫 부임을 한 모든 선생님의 공통적인 말은 바로 아이들이 인사를 잘한다는 것입니다. 그것도 엄청 마음 담아 반갑게 말이죠.

인사(人事).
사람 '인', 일 '사'.

저는 인사를 '사람이 반드시 해야 할 일'이라는 뜻으로 여깁니다. 모든 인간관계의 시작과 끝은 인사라고 해도 과언이 아니지요. 앞서 말씀드렸듯이 우리 아이들이 하는 인사는 형식적인 인사가 아닌 사랑과 관심이 듬뿍 담긴 인사라는 걸 모든 분이 느낄 수 있지요.

아이들을 가르치러 왔는데 오히려 아이들에게 배우는 것이 더 많은 하루하루입니다.

평생! 잊지 못할 아침맞이를 해주는 우리 6학년.

저도 꼭 아이들에게 배운 대로 사랑과 관심 듬뿍 담아! 아이들 곁에 머물고 싶습니다.

✦ 02 기다려줄래? 기다려줄까?

　　　　우리 반에 일반적인 속도로 밥을 먹는 두 사람이 있습니다. 바로 우준이와 두나예요. 뭐가 그리 급한지 다른 아이들은 밥을 국밥 말아먹듯 후루룩 먹고 자리에서 일어나지요. 항상 급식실에 마지막으로 남는 우준이와 두나.

　이 둘은 누가 먼저 먹더라도 선뜻 먼저 일어나 교실로 향하는 경우가 없습니다. 굳이 말하지 않아도 서로를 기다려주지요.

　우리 아이들은 함께하는 것을 참 좋아합니다. 수업 시간에도, 쉬는 시간에도 혼자 있는 경우는 아예 없다고 보시면 됩니다.

　제가 이 학교에 와서 가장 놀라운 점 중의 하나는 아이들이 성별, 나이에 관계없이 아주 스스럼없이 잘 지낸다는 점이에요.

　우리 아이들은 서로 함께하는 그 무엇이든지 간에 먼저 자신의 일이 끝난 친구는 자연스레 "기다려줄까?" 하고, 자신의 일이 늦게 끝날 것 같은 아이는 자연스레 친구에게 "기다려줄래?" 합니다.

　많은 학교를 근무해보면서 아이들과 입씨름하게 되는 경우는 대부분 이기적인 행동 양식인 '내가 얻고, 네가 잃는다.'에서 옵니다. 서로 먼저 받으려 하고, 서로 먼저 가려 하고, 서로 먼저 먹으려 하고. 이렇게 무질서하고, 배려심 없는 행동 하나씩 쉽게 쉽게 나오는 아이들을 보면 '그래지지.' 이해도 되다가 또 스스로 반성도 하면서 마음 한 켠이 아프지요.

　우리 아이가 자신의 존재를 얼마나 소중히 여기는지 알 수 있는 지표(바로미터)는 지금 자신의 곁에 있는 사람을 얼마나 소중히 여기는지 살펴보면 알 수 있다고 생각해요.

　우준이와 두나의 '넉넉하게 기다려주는 마음 씀씀이', 반대로 '자신을 기다려달라고 친구들에게 정답게 요구하는 사교적인 표현들'.

　나도, 또 옆의 친구도 똑같이 소중히 여기는 모습. 두나와 우준이의 '기다림'에는 그것이 아주 잘 보입니다. 참 보기가 좋아요.

✦ 03 고민 상담러!

      며칠 전 제가 아이들에게 고민 상담을 좀 받았어요. 어제 집사람이랑 싸운 이야기하며 자초지종을 설명하니 아이들이 가만히 듣다가 제3자 입장에서 조언을 해주더군요. 어찌나 예쁘고 사랑스럽던지…. 우준, 다인, 두나의 조언 글 공유합니다.

      안녕하세요? 전 선생님의 제자 김우준이에요. 이야기를 들었는데 서로서로 오해를 하신 거 같은데 밥을 만드시면서 아이들 2명을 케어하시는 그 맘 압니다. 근데 선생님이 김밥을 사가셔서 그런 오해가 생긴 거 같은데 저는 이런 말을 하고 싶은데 싸우는 날이 있으면 행복한 날이 올 거고 행복한 날이 있으니까 싸우는 날이 있겠죠? 근데 김밥이라니 선생님 생각에선 '왜 내 잘못이지?' 이 생각을 하실 수 있어요. 사모님께서도 화날 수 있어요. 제가 들은 이야기로는 선생님은 누군가 울고 그러면 어떻게 해결하시는지를 모른다고 말하시는데요. 제가 한 달을 선생님과 지냈는데도 장난기가 많이 있는 것을 압니다. 근데 사모님께선 8년 동안 같이 사셨으니까 우리보다 장점, 단점 다 아실 텐데 저도 한 달만 지내도 압니다. 우리가 사과하시는 법을 알려드렸기 때문에 진심으로 사과를 하실 겁니다. 받아주시면 좋겠고 쌤과 사모님 행복한 날만 있으세요.

To. 아내 분과 선생님께

안녕하세요. 윤상보 선생님 제자 유다인입니다 !

선생님이 말해주신 얘기를 들어보니 조금 싸우셨다고 들었는데요. 제가 말해드릴 게 있어서 보내봅니다! 일단 두 분이 서로 오해가 있으셨던 것 같아요. 아내 분이 밥을 하고 계셨는데 선생님이 김밥을 사오셔서 조금 짜증나셨죠? 밥 하느라 힘드신데 애도 돌봐야 하고. 근데 선생님이 김밥을 사 오셔서… 그런데 말이죠. 선생님이 김밥 긴 거 한 줄을 사 오신 게 아니구 꼬마 김밥을 사오셨잖아요? 제 생각은 꼬마 김밥이면 4인 가족은 다 드실 수 있을 거라고 생각합니다! 그래서 아내 분이 조금 화가 나셔서 선생님과 싸우셨다고 들었는데, 제가 두 분 가정을 잘 아는 것도 아니고 본 것도 아니지만 제가 얘기해드리고 싶어서 말해 드립니다. 아내 분은 밥을 하고 계셨는데 선생님이 김밥을 사오셔서 화가 나셨고, 선생님은 긴 김밥을 사온 것도 아니고 조그만한 걸 사오셨는데 아내 분이 화를 내셔서 두 분이 의견 차이가 있으셨던 것 같네요. 오늘 기회가 되신다면 서로 기분이 상하지 않게 조심스럽게 대화하시는 걸 추천드립니다. 이렇게 너무 싸우진 마시고 대화 잘 하시고 화해하시길 바랍니다!

To. 선생님과 아내 분께

안녕하세요! 윤상보 선생님의 제자 최두나입니다! 부부간에 서로 오해가 있었나봐요. 같이 살면 이런 일은 있을 수 있어요! 당연해요! 아내 분이 충분히 화나실 수 있는 상황이라고 생각해요. 혼자서 밥하시고, 아이 둘 보고… 정말 힘드셨을 것 같아요. 밥 하는 데 김밥을 가져오면 밥을 먹자는 건지, 김밥을 먹자는 건지! 선생님이 사과를 하셨을 때 진심으로 하셨어요. 단지 선생님이 장난기가 많으셔서 그런 거예요. 오해하지 마세요! 선생님은 진심이셨어요. 두 분 서로 얘기할 때 '나 전달법'을 써보세요! 진심을 담아! 그리고 서로 존댓말을 하며 대화해 보세요! 그럼 대화가 말다툼이 되지 않을 거예요. 두 분 어서 화해하셨으면 좋겠어요!! 언제나 행복한 일만 있길 바랄게요! 서로 입장을 이해해주자구요! 화해하는 고속도로 탑시다!

누가 아이들을 미성숙한 존재라 할 수 있을까요?
반대로 '나이 든 어른들이 욕심 때문에 너무 멀리 와있는 것은 아닐까?' 생각해보는 시간입니다.
맑고 순수한 영혼의 아이들과 하루하루 행복합니다.

교실 속 숨은 보물찾기

💿 '아이들에게 물어보세요. 아이들은 다 알고 있어요'

아이들의 메시지를 전달 받으며, 화자의 입장에서 머물러주는 아이들의 순수한 마음에 참 고마웠습니다. 그리고 참 부끄러웠습니다. '천진하고 철없는 나보다 더욱 어른스러운 아이들의 생각'에, '실제 교실에서 보여주는 아이들의 탄력 있는 관계 회복성'에 말이죠.

4학년 국어 교과서에도 수록되어있는 '우리들'이란 영화에서 '윤이'의 대사가 머릿속에 스칩니다.

"연호가 때리고, 나도 때리고, 연호가 때리고. 그럼 언제 놀아?"

'욕심으로 가득 차 나밖에 모르는 나', '이해타산적으로 관계를 맺는 나', '숲을 보지 못하고 나무 한 그루에 처박혀 있는 나'. 아이들 덕분에 zoom out하고 나니 부족한 내 모습을 다시 한 번 바라볼 수 있던 귀한 시간이었습니다. '똥 묻은 개 겨 묻은 개 나무란다.'고 아이들이 가진 마음을 교사랍시고 해치지 않는 게 일단 내 일차적인 목표임을 느낀 시간이었습니다.

어느새 너무 멀리 와버린 지금. 사랑 그 자체인 아이들에게 물어보세요. 아이들은 다 알고 있어요.

✦ 04 '수호천사' 연극 속 아이러니

　　2019학년도 '마니또 프로젝트', 2020학년도 '특명! 서상을 지켜라!'에 이어 올해는 '수호천사'라는 연극 작품을 만들게 되었습니다. 연출, 작가, 배우, 음향감독, 조명감독까지 연극에 필요한 모든 역할을 학생들이 맡아서 '모두가 주인공이 되는 연극' 만들기에 도전하였지요.

　　줄거리는 이렇습니다. 교통사고로 엄마가 돌아가신 후, 아빠까지 집을 나가고, 할머니랑 단둘이 살게 된 '변아름'이란 아이가 있습니다. 학교에서는 친구들이 메주 냄새난다고 놀리고 괴롭히기까지 합니다. 하루하루 힘들게 살아가는 아름이에게 한 소녀가 나타나며 신기한 일들이 벌어집니다. 힘들게 살아가는 친구들, 앞으로 어려움을 겪게 될 친구들에게 위로와 희망의 메시지를 보내는 작품이지요.

　　우리 아이들은 어떤 역할을 맡았을까요?

　　준혁이는 '총연출(풀꽃! 조 감독님)', 우준이는 '아름이 아빠' 역할을, 다인이는 '대표작가'와 '아름이의 썸남 은우' 역할을, 하연이와 두나는 아름이를 괴롭히는 친구 '보아'와 '세리' 역할을 하였답니다.

　　자세히, 오래 보아야 알 수 있는 '준혁체(준혁이의 글씨)'로 각 막에 필요한 배경과 인물, 소품들을 열심히 찾아본 조준혁 감독님, "(아름이를 보고 싶은 마음을 담아 절규하며) 아름아~!" 대사를 100번은 넘게 외친 '철부지' 아름이 아빠 역할의 '철 든' 우준이, '미소녀'가 '미소년'이 되어 극

218　　　　　　　　　　　　　　　　　　　　　　　교실 속 숨은 보물찾기

중 훈남 역할을 멋지게 소화해낸 '우수연기상 수상자' 다인이, '이렇게 밉상일 수 없다!' 아름이를 잡아먹을 듯 못된 연기의 진수를 보여준 '곱상' 하연이와 두나입니다.

어찌 전부 다 자신의 실제 삶과 결이 다른 역할을 맡았는데 이렇게 실감 나게 연기하고 활동할 수 있을까요?

연극특성화학교인 우리 학교에서 6년 공부하면 아이들처럼 될 수 있을까요? 아이들의 변화와 변신이 놀라울 따름입니다.

✦ 05   '새'로운 이야기(New Bird Story)가 주는 행복

　　　'꿈돌이 그림책 만들기 프로젝트!'. 연극 대본을 직접 만들어 본 아이들에게 또 하나의 재능을 선물해주고 싶은 마음에 '후배들에게 물려줄 따뜻한 그림책 한 권'을 만들어보자고 선생님들께 의견을 내었지요. 선생님들은 흔쾌히 동의를 해 주셨고, 그림책 만들기 프로젝트가 나아가야 할 방향을 업무 담당 선생님과 기획해 보았지요. 저는 일단 「아름다운 가치 사전」이 가장 먼저 떠올랐어요.

　「아름다운 가치 사전」이란 책에는 아이들이 알아야 할 아름다운 가치 24가지를 선정해 그 사례들을 사전 형식으로 수록한 책입니다. 가치 개념이 딱딱한 '정의'가 아닌 일상의 '사례'들로 설명되어 있어 가치을 인식하는 데 훨씬 효과적인 책이지요. 이 책을 모티브 삼아 각 학년별로 중요하다고 생각하는 한 가지 가치를 정하고, 가치의 구체적 의미를 자신들만의 언어로 표현하며, 이를 바탕으로 재미있는 이야기를 꾸며보기로 하였어요. 6학년의 '새로운 이야기(New Bird Story)' 그림책을 한 번 감상해 보실까요?

　　　　　　　　　　　　　　　　　　교실 속 숨은 보물찾기

'새' 로운 이야기
(NEW BIRD STORY)

글·그림
강하연, 김우준
유다인, 조준혁, 최두나

어느 날. 너무나도 놀고 싶었던 오리 삼 형제 '돌리, 홀리, 몰리'는 놀이동산을 가기로 했어요. 돌리는 엄청 기대하고 있는 표정이고, 홀리는 파이팅이 넘치는 표정이네요. 몰리는 이제 막 자다 깬 표정이고요.

놀이동산으로 가는 길. 돌리, 홀리, 몰리는 표지판에 있던 걸음 수만큼 오리걸음으로 걷고 있었어요. 홀리는 너무 많이 걸어화가 났지요.

그 때, 근처에 식당이 보이는 것 아니겠
어요? 바로 백똥원이 찜한 '연못식당'이였
죠! 돌리, 홀리, 몰리는 날개를 퍼덕이며
눈 깜짝할 사이에 식당으로 뛰어 들어갔죠.

금강산도 식후경. 다이어트 중인 돌리는
나뭇잎과 풀때기를 먹었고, 몸짱이 되고 싶
은 홀리는 고단백질 개구리를 먹고 있었죠.
단짠단짠을 좋아하는 몰리는 달콤한 소금쟁
이에 소금을 같이 뿌려먹었죠. 배불리 먹은
후 오리 삼형제는 놀이동산으로 갔어요.

놀이동산으로 간 돌리, 홀리, 몰리는 가
장 좋아하는 '오리배'를 타러 갔어요. 그런
데 몰리가 소금쟁이를 먹을 때 너무 급하
게 먹었는지 식은 땀이 줄줄 났어요. 덩달
아 돌리도 멀미가 났는지 어지러웠죠.

오리배를 간신히 타고 난 뒤 몰리와 돌
리는 의자에 앉아 쉬었고, 놀이기구를 더
타고 싶던 홀리는 아쉬워하고 있었죠. 그
때, 어디선가 우는 소리가 들렸어요.

교실 속 숨은 보물찾기

우는 아기 새는 바로 졸리, 촐리, 몰리의 천적인 '경매'였죠! 경매는 아마 부모님을 잃어버린 것 같았어요.

촐리는 고민했어요. '우리를 잡아먹을 수도 있는 저 아이를 도울까? 그냥 지나칠까?'를 수십 번 고민했죠. 졸리는 고민하는 촐리 옆에 다가와서 은근슬쩍 같이 고민하는 척을 했고, 몰리는 그냥 따라와 뭐가 뭔지 모르는 표정이었어요.

촐리는 결심했어요. 결국 울고 있는 경매에게 다가가서 물어보았어요. "저기... 혹시 무슨 일 있으신가요?" 울고 있던 경매가 말했어요. "나 오리 모양 사탕을 먹다가 부모님을 잃어버렸어."

잠시 놀랐지만 졸리, 촐리, 몰리는 용기 내어 경매의 부모님을 찾기로 했어요. 졸리, 촐리, 몰리는 공원을 둘러보며 열심히 찾았고, 뒤따라오던 경매는 계속 울기만 했지요.

그 때 저 멀리서 누군가를 찾는 듯 두리번거리는 새들을 발견했어요! 돌리, 홀리, 몰리, 그리고 경매는 당장 그 곳을 향해 뛰어갔죠.

경매는 "아빠! 엄마!"라고 외치며 달려갔어요. 예상대로 그 분들은 경매의 부모님이 맞았어요. 돌리, 홀리, 몰리는 흐뭇하게 경매를 바라보았죠.

그리고 1년 후. 돌리, 홀리, 몰리는 바다로 휴가를 갔어요. 그런데 뭔가 익숙한 얼굴이 보이는 것 아니겠어요? 바로 경매였죠!

경매와 돌리, 홀리, 몰리는 서로를 알아보고 반가워했죠! 경매가 말했어요. "나 부모님이랑 놀러 왔는데 혹시 괜찮으면 같이 놀래?" 돌리, 홀리, 몰리는 고민하다 말했어요. "좋아!"

교실 속 숨은 보물찾기

돌리, 홀리, 몰리와 경매는 술래잡기를 하기로 했어요. 경매가 술래를 하고 돌리, 홀리, 몰리는 멀리 도망갔죠.

재미있게 놀던 중. 갑자기 바다의 깡패 조다난 4형제가 나타나 몰리를 잡아먹으려 공격했어요. 돌리와 홀리는 몰리에게 붙어 있던 조다난 4형제를 떼어내려 했지만 역부족이였죠.

그 때! 돌리, 홀리, 몰리 곁에 나타난 경매가 조다난 4형제를 쫓아냈지요! 경매의 무서운 눈빛을 보고 조다난 4형제는 멀리 도망갔지요.

몰리는 조다난 4형제를 쫓아내어 준 경매에게 감사를 표현했어요. 경매는 뿌듯해했죠.

신나게 놀고 난 후. 경매의 부모님이 해변에서 파티를 열어 돌리, 촐리, 몰리를 초대했어요. 개구리볶음과 뱀꼬치구어, 그리고 올챙이튀김과 송사리무생채 등등등 맛있는 음식들이 엄청 많았지요. 덕분에 돌리, 촐리, 몰리는 맛있는 밥을 먹을 수 있었지요! 서로가 함께 있어 참 행복한 시간이었답니다.

📖 '행복이란 '서로 도움을 주고 받는 것!'

그림책 만들기 프로젝트 활동을 통해 우리 아이들은 벌써 행복의 가치를 더욱 맘껏 경험하고 있습니다.

교실 속 숨은 보물찾기

✦ 06   더 편한 사람, 더 함께하고 싶은 사람

　　　　　오늘 아침 교실을 들어섰는데 아이들의 자리가 바뀌어있습니다. 5명의 아이들. 몇 명 없는 아이들에게 임의의 자리 배치가 큰 의미가 있나 하며 별 생각 없이 '마음대로 앉아도 돼.' 하며 두고 있었지요. 1교시는 하연이가 힘들어하는 수학 시간. 평소와 같이 수업을 진행하며 오늘 배울 수학적 원리를 설명하고 문제를 풀어보는 시간을 갖습니다. 그리고 항상 그랬듯. 자연스럽게 하연이가 있는 곳으로 향하려 하는데….

새로 옆자리에 앉게 된 준혁이에게 정말 편안한 말투로 수학 문제를 물어 봐가며 자신의 궁금증을 풀어내는 것 아니겠어요? 누가 잘하니 못하니 재는 것도 없이, 쭈뼛대는 것도 없이 말이죠.

서로가 정말 편하게 이야기를 즐겁게 주고 받으며 수학 문제를 풀어 나갑니다.

'아….'

그 장면을 보며 깊이 반성하게 되는 순간이었습니다.

6년 동안이나 함께한 서로에게 가족, 형제와도 같은 5명의 아이들. 서로 격의 없이 편하게, 함께하며 보내는 시간을 떠올리며 그저 흐뭇하게 바라만 보고 있었어요.

'아무리 작은 공동체라도 더 편하고, 함께하고 싶은 사람이 있지.'

하연이와 준혁이는 참 서로가 성향도 잘 맞고, 함께하면 웃음이 끊이질 않는 친구 사이이지요. 행복 시너지가 그냥 저절로 넘쳐나는 사이에요.

'평소 생활 속에서, 학교 수업 속에서 서로가 의지하며 함께할 수 있는 시간을 더욱 만들어 주면 생활지도 효과도, 수업에 대한 배움 효과도 더욱 커지겠구나.'라고 깨닫는 시간이었습니다.

하연이와 준혁이가 무엇이든 즐겁게 함께하는 모습을 바라보며 어느 아이들보다도 더. 참 귀엽고 예쁜 순간이었답니다.

교실 속 숨은 보물찾기

✦ 07 준준래빗의 신발끈

추석 연휴를 앞두고 영화를 한 편 보여줬어요. 제목은 조조래빗. 제 2차 세계대전 말 엄마와 단둘이 살고 있는 조조라는 아이가 주인공이죠. 유태인을 학살했던 독일 나치의 잔혹함을 너무 무겁지는 않게 다루면서 그 잔혹한 시대상 속에서 꿋꿋이 살아가는 한 아이의 성장기 영화에요. 이 영화에서 가장 중요한 포인트는 바로 신발끈이었어요. 신발끈을 묶지 못하여 엄마가 묶어주어야 했던 조조. 마지막엔 엄마의 구두를 신게 된 한 유태인 소녀의 신발끈을 직접 묶어주는 조조의 모습으로 영화가 끝이 납니다. 신발끈이 바로 조조의 성장을 상징하는 물건이었지요. 마지막 장면을 우리 아이들 모두 감동스럽게, 또 먹먹하게 바라봅니다. 참 좋은 영화였어요.

영화 감상이 끝이 나고. 신발끈에 대한 이야기를 하던 중 갑자기 궁금해졌어요. 우리 아이들은 모두 신발끈을 묶을 수 있는지.

"신발끈 묶을 수 있는 사람?" 물어봅니다.

여학생 세 명이 또르르 손을 들고, 우리 준준(우준, 준혁) 형제는 손을 들지 않고 멀뚱히 저를 바라봅니다,

오호!

바로 신발끈 쉽게 묶는 법을 알려주고 우리 준준이들은 몇 번의 시행착오 끝에 신발끈을 묶을 수 있게 되었어요. 안 까먹으려면 자주 해 봐

야 하니까 '신발끈 묶어보기'를 숙제로도 몇 번 내어주게 되었고, 아이들은 완벽하게 신발끈을 묶어 저에게 사진으로, 영상으로 보내줍니다.

남자아이들에겐 종종 있는 일이라 "아직도 신발끈 묶는 법을 모르면 어떡해!"라고 다그치는 마음보다 "아이고, 그동안 신발끈이 풀렸을 때 스스로 묶지도 못하고 참 난감했겠구나." 안쓰럽고, 일찍 알려주지 못해 미안한 마음이 들었답니다.

발이 묶이다.
제한된 상황과 환경으로 자유롭지 못함을 의미하는 관용적 표현이죠.

조조래빗의 '조조'처럼. 우리 귀여운 '준준래빗'들도 이번 신발끈 묶는 법을 통해 한 단계 성장하는 계기가 되길, 많은 상황 속에서 발이 묶이지 않고 한층 더 자유롭길 바라는 마음이었답니다.^^

교실 속 숨은 보물찾기

◆ 08 선생님 괜찮으세요?

　　　　지난 주 정규수업이 끝난 수요일 오후. 내일 수업도 좀 챙기고, 해야 할 업무를 살펴보고 있는데 교실 앞문 유리창 너머에 5~6학년 여자아이들이 고개를 내밀고 저를 힐끗힐끗 쳐다봅니다.

'왜 그러지? 안 하던 짓을 하네? 나에게 할 말이 있나?' 하며 관심을 가져봅니다. 이내 다인이와 두나가 교실에 들어와 저에게 이야기를 건넵니다.

"선생님… 괜찮으세요?"

"어? 응! 아무렇지도 않은데? 왜?"

"아니에요. 선생님이 눈이 빨개져 보건실에 누워계신다고 해서 걱정이 돼서 찾아왔어요."

제가 이 날 컨디션이 좀 좋지 않아서 수업이 끝나고 보건실에 누워있다가 잠시 잠이 들었을 때, 한 학생이 보건실에 들어와 누워 있는 저를 봤나 보더라고요.

"선생님이 좀 어지러워서 보건실에 좀 누워있었어. 별거 아냐! 괜찮아!"하니

다인이와 두나가 "다행이에요. 혹시 오늘도 우신 건 아니죠?" 합니다.

우리 예쁜 6학년 아이들 생각하며, 선생님으로서 참 부족한 마음을 떠올리며 몇 번 눈물을 글썽인 적이 있는데 덩치와 달리 눈물이 많은

제가 또 걱정이 되었나 봐요.

교실 밖에 나와보니 아이들이 복도에 많이 나와 저에게 괜찮으시냐고 물어봅니다.

또 다시 눈물이 울컥!

이름을 상보가 아니라 울보로 바꿔야 되나 봐요. 참 사랑이 많고, 관계하는 사람의 마음에 참 관심이 많은 우리 아이들. 뭉클하면서도 너무 많이 반성이 되는 날이었습니다.

'나는… 나는 두나가, 다인이가 몸이나 마음이 아플 때 얼마만큼의 관심을 가지고 마음 다해 표현했을까?'

해야 할 일에 치여, 하고 싶은 일에 코를 박은 채. 영혼 없이 아이를 바라보며 대충 "괜찮아?" 물어보고. '뭐~ 별일 아니겠지.' 이내 돌아섰던 제 모습이 떠오르며 너무 부끄럽습니다. 제가 지금 뭘 가르치고 있는건지… 나라에서 주는 월급을 철밥통처럼 꼬박꼬박 받으며 영혼 없는 교과 지식만 14년째 재탕, 삼탕하며 가르치고 있는 제 자신이 참 부끄럽습니다.

운 좋게 교사가 되어, 운 좋게 서상초등학교에 생활하며 오히려 우리 아이들에게 과분한 사랑을 받고 또 그 사랑을 배우고 있는 제 자신이 선생님으로서, 관계하는 한 사람으로서 참 부끄럽습니다.

"선생님 괜찮으세요?"

우리 아이들의 음성이 지금도 생생합니다. 저를 바라보며 진심으로 걱정하는 모습 참 생생합니다.

"두나야, 괜찮니?"

"다인아, 괜찮아?"

아이들의 마음처럼 저도 그렇게 닮아가고 싶습니다. 부끄럽지만 매일 출근하며 차 안에서 하는 저만의 으쌰으쌰 구호가 있어요.

"얘들아!! 선생님이 오늘 꼭 행복하게 해줄게!"

행복을 푸지게 베풀어주는 선생님이 되고 싶지만 아직까진 아이들이 저에게 나눠주는 큰 행복을 조금이나마 돌려주기에 급급한 선생님인가 봅니다.

정말 감사합니다. 이런 아이들을 만나게 해주셔서. 오늘 하루도 복 많이 받으실 거예요! 행복하세요.

◆ 09 우리는 하·나·다!

　　　　　우리 반 여학생 하연, 두나, 다인이.

　조용한 듯하면서 쾌활하고, 패션 감각도 뛰어나면서 자신이 선호하는 분야가 누구보다 확실하고 명확한 하연이.

　사람을 참 좋아하여 사교성이 좋고, 예의도 바르면서 부조리한 상황에는 또렷한 표현으로 언제나 당당한 두나.

　예술적·문학적 감수성이 뛰어나고, 한번 마음 먹은 일에는 끈기를 가지고 중형 세단처럼 묵직하게 나아가는 다인이.

　한 명 한 명 참 예쁜 우리 여학생들입니다.

　교사는 한 명의 학생만 뚝 떼어 바라보지는 않습니다. 자연스레 교사와 학생들 간의 관계, 학생들과 학생들 간의 관계를 유심히 살펴보게 됩니다.

　또 하나의 작은 가정이고, 작은 학교이며, 작은 사회공동체인 학급 속에서 서로가 갖는 긍정적 관계 의식은 학급공동체를 꾸려가는 데 정말 중요한 요인이기 때문이죠.

　특히, 저는 남자 교사이기에 남학생들보단 여학생들의 말과 행동에 좀 더 집중하여 관심을 갖게 됩니다. 남학생들의 성향은 좀 더 자연스럽게 인식이 되지만 여학생들의 성향은 잘못 판단하여 실수할 때가 종종 있더라고요.

우리 여학생 세 명을 1여년간 관심 있게 쭉 살펴봤어요. 참 쉽지 않은 일인데 서로가 마음 상하거나 다투는 일을 저는 단 한 번도! 보질 못했어요. 전 이 평화스러운 현상이 참 어색해서 자주 색안경을 끼워 보곤 했답니다.

'내가 모르는 뭔가가 있을 거야. 6년 동안 함께하며 쌓인 감정이 없을까?'

학생들 상담을 통해 서로에게 조심스러워하는 부분도 일부 있다는 것을 알게 되긴 했지만, 그것만으로는 제 삐딱한 가설에 충분한 이유가 되지는 못했지요.

한참을 바라보다가 '부처님 눈에는 부처님만 보이고, 돼지 눈에는 돼지만 보이는구나.' 글귀가 떠오르며 큰 반성을 하게 됩니다.

존중. 높이어 귀중하게 대함.

우리 세 명의 여자 아이들은 '존중'이란 단어가 삶에 잘 묻어나오는 아이들이에요. 그 누구에게도 쉽게, 가볍게 묻거나 요구하거나 대답하거나 권유하지 않아요.

언제나 서로에게 정중합니다. 친구에게 도움을 줄 때마저도 혹여 그 친구가 기분 나쁘지 않을까 유심히 살피는 아이들이지요.

학교에 4명뿐인 동급생 친구의 존재가치를 스스로 높이고, 자신만큼이나 귀중하게 대하는 태도. 바로 친구를 '존중'하는 아이들의 태도가 요즘에서야 더 뚜렷이 보이기 시작합니다.

이제서야 아이들 간의 대화가 어색해 보이지 않고 서로에게 건네는 말 한마디 한마디가 참 격(格)이 높아 보인답니다.

'누가 누구를 가르치는지….'

평소 쉽게 가볍게 말과 행동을 하는 철부지 선생님인 저를 돌아보며 아이들의 격조 높은 삶의 태도, 품격있는 관계 의식을 통해 한 수 크게 배웁니다.

●'하'연·두'나'·'다'인.

어쩌면 이 세상에 태어나 자신의 가족들보다도 더 많은 시간을 함께하고 있을지도 모르는 우리 하연, 두나, 다인이.

세 명의 친구들이 서로를 존중하며 함께 살아가는 하나의 공동체. 그 삶의 여정을 뿌듯하게 바라보며 중학교, 고등학교, 성인이 되어서도 지금처럼 서로에게 참 아름답길 바랍니다.

우리는 하·나·다!

교실 속 숨은 보물찾기

✦ 10 역시! 언젠가 이렇게 클 줄 알았어!

올해 코로나 확산으로 미루고 미뤄졌던 경상남도교육청이 주최한 '초·중학생 종합체육대회'가 다행히 10월, 11월에 열리게 되었습니다. 우리 학교는 '여자역도'와 '남자레슬링' 종목에 출전하게 되었지요.

부모님들께서 "여자애가 위험하게 어떻게 역도를 하나요?", "레슬링 같은 투기 종목은 너무 다치기 쉽지 않을까요?"라고 말씀은 하셨지만 학교의 지도 선생님들을 100% 신뢰하고 응원해주시는 학부모님들의 동의 덕분에 대회에 참가할 수 있었지요.

3월 말부터 매일 중간 체육 시간, 점심시간 하루도 빠짐없이 역도 훈련을 한 다인이와 하연. 처음에는 두려움과 근육통에 몸부림을 쳤지만 인근 지역 전문 강사님의 탁월한 지도력으로 역도의 기량을 날로 높일 수 있었고, 대회에 출전하여 결국 둘 다 인상, 용상, 종합 2위라는 멋진 성적을 거둘 수 있었습니다.

"돌봄교실이 편하죠. 근데 저는 역도를 하는 게 즐거워요. 편안함보다는 즐거움이 좋아요."라고 말하며 정말 끈기와 열정이 무엇인지 보여준 역도부 반장 다인이, 연습할 때 들지 못했던 무게를 대회에서 거뜬히 들어올렸으면서도 더 들어올리지 못해, 또 1위를 하지 못해 굉장히 아쉬워한 승부사 하연이. 모두를 떠올리며 고맙고 뭉클합니다.

"무섭단 말이에요." 싸우는 게 무섭다며 참여를 완강하게 거부했던 준혁이. 옆 반 지도 선생님의 따뜻한 백 마디로 어느새 준혁이는 레슬링 자세를 잡게 되었습니다. 언제 그랬냐는 듯 동생들을 정말 살뜰히 챙기며 준비 운동도 직접 주도하고, 훈련 내내 '서상초 파이팅!'을 외치며 레슬링 종목의 큰 형님으로 열심히 연습하였지요. 대회의 결과는 본인 체급에서 자유형, 그레꼬로만형 모두 1위라는 대단한 성적을 거두었답니다. 아마도 정작 무서운 사람은 '준혁'이가 아니라 '상대 선수'였을 겁니다.

결과가 너무 좋아 과정에서의 기쁨이 얼핏 작아 보이지만 지금 저에게 남는 건 매일매일 하루도 빠짐없이 학교 체육관에서 아이들과 함께한 시간들입니다. 자신의 한계를 넘어서기 위해 수도 없이 떨어뜨렸던 역기, 걸려 넘어지고 넘어져도 다시 일어나 상대와 겨루기 위해 돌진하는 모습 모두 생생합니다.

스포츠에는 감동이 있습니다. 매일 아이들의 한 뼘 성장에는 더 큰 감동이 있습니다.

"언제 이렇게 컸대?"가 아닌 "역시! 언젠가 이렇게 클 줄 알았어!"라고 말할 수 있는 선생님이 되고 싶습니다.

아이들의 1㎜ 성장을 위해 1,000분의 시간을 노력하고, 아이들의 1㎜ 성장에 1,000번의 손뼉을 쳐 주는 그런 선생님이 되고 싶습니다.

✦ 11 따릉이와 함께! 친구들과 함께!

올해 안전 교구 구입비 예산을 한동안 집행하지 못했습니다. 관심이 부족하기도 했지만 딱히 떠오르는 안전 교구가 없었기 때문입니다. 교구 구입 정산서 제출일이 하루하루 다가와 끙끙 앓다가 학교 선생님들에 의견을 여쭤어 보았습니다. 그중 교무부장님이 '자전거 구입' 의견을 내어놓습니다.

'학교 자전거를 사놓으면 평소 자전거를 타지 않는 아이들도 개인 자전거를 사서 아무 데나 무분별하게 타고 다니지 않을까? 혹시 사고라도 나면?'이란 무사안일주의적 생각을 먼저 합니다. 그러다 정신 차리고 생각을 다시 고쳐잡습니다. '안전사고를 예방하는 목적으로 교육을 하는 건데 가르칠 생각은 하지 않고 일어날 사고를 먼저 걱정하고 내 책임이 아닌 양 피하고 있구나.'라고 말이죠. 결국 자전거 구입을 결정하고 학년별로 신체 차이를 고려하여 자전거 5대와 헬멧 5개를 일단 구입하였습니다.

자전거와 헬멧이 도착한 날. 학교 아이들을 운동장에 모아놓고 자전거 타는 법, 헬멧 착용하는 법, 자전거 탈 때의 안전 수칙 등의 교통안전교육을 실시합니다. 아이들의 눈이 반짝반짝입니다. 깊어가는 가을 하늘 아래 아이들은 쉬는 시간만 되면 너나 할 것 없이 운동장으로 뛰어가 서상초 자전거 '따릉이'를 탑니다. 놀라운 사실은 몇 대 없는 자전거이기에 서로 먼저 자전거를 타기 바쁠 줄 알았는데, 우리 아이들이 자전거를 못 타는 후배와 친구들을 위해 자신이 자전거 타는 순서도 넘긴 채 넘어지려는 자전거를 잡아주고, 허리를 숙인 채 힘들게 뛰어다니는 것 아니겠어요?

코로나 때문에 교외 체험 활동도 못하고 교실에만 2년째 콕 틀어박혀 있는 아이들에게 조금이나마 숨통이 트이는 시간이면서도, 앞에서 끌어주고 뒤에서 밀며 친구의 성장과 행복을 돕는 선한 마음씨에 무척 감동했답니다.

며칠 전. 자치 활동 관련하여 두나와 상의할 것이 있어 점심시간 좀 비워달라고 요청하니 두나가 당황해하며 조심스레 말을 건넵니다.

"선생님, 어쩌죠. 제가 점심시간에 ○○이랑 약속을 했어요. 자전거 타는 법 알려주기로."

"그래? 그럼 다음에 하자. 이야~! 두나가 열심히 후배 챙기는 모습이 참 보기 좋다. 고마워! 역시 우리 회장님!" 하며 엄지 척을 해줍니다.

'어리석고 게으른 생각으로 자전거를 안 샀으면 어쩔 뻔했을까?' 참 좋은 의견을 내어주신 교무부장님에게 참 감사하며, 오늘도 교실 창가에 서서 '따릉이와 함께!', '친구들과 함께!' 가을 날씨를 신바람 나게 즐기는 아이들을 바라보며 흐뭇합니다.

교실 속 숨은 보물찾기

✦ 12 하늘을 향해! 사람을 향해!

어느 날. 자전거는 학년별로 타는 요일이 정해져 있어서 자전거를 못 타고 금 같은 중간 체육시간을 교실에서 멍하게 보내고 있는 5, 6학년 여학생들.

"날씨가 이렇게 좋은데 왜 교실에만 있어. 밖에 나가서 뭐라도 좀 해봐! 11시까지 교실 출입 금지!"

보다 못해 저는 아이들을 억지로 교실 밖으로 나가게 합니다. 아이들은 귀찮은 듯 터덜터덜 밖으로 나갑니다. 날씨가 좋지만 저는 바쁜 업무 처리로 교실 안에 남아 있습니다. 씩씩대며 컴퓨터를 때리고 있는데, 어디선가 희미하게 "선생님~ 선생님~" 합니다. 일어나 소리가 들리는 곳을 찾아보니 운동장입니다. 창가로 얼굴을 빼꼼 내밀어보니 아이들이 저를 찾는 것이었습니다.

"왜? 선생님 찾아?"

"네! 선생님! 저희 사진 좀 찍어주세요!"

자세히 보니 아이들이 두 손에 낙엽이 가득합니다. 벌써 한 두 아이는 자신이 모은 낙엽을 하늘 높이 날리며 까르르 웃습니다. 업무가 있어도 이 장면은 놓칠 수가 없습니다.

"조금만 기다려! 금방 내려갈게!"

핸드폰으로 아이들 낙엽 뿌리는 장면을 연속 촬영으로 연신 찍어줍니다. 이곳 저곳 낙엽을 모아 저도 뿌리고, 아이들도 뿌리며 운동장 하늘 위로 낙엽을 연신 날려봅니다. 재미있게 놀며 예쁜 사진을 찍고 있는데 저 멀리 소나무 동산에서 시설관리 주무관님 혼자 열심히 낙엽을 치우고 계십니다.

"에휴! 더럽히는 사람, 치우는 사람 따로 있어?"

어렸을 적 어머니의 말씀, 얼마 전 아내의 말씀(?)이 떠오르며 얼굴이 화끈거립니다.

아이들을 불러 모으고 상황을 설명합니다. "우리 너무 즐거웠지? 뒤에 계신 주무관님도 우리가 노는 모습 보시면서 흐뭇하셨을 거야. 더 흐뭇하게 만들어 드리자!"

고사리 같은 아이들의 두 손과 두꺼비 같은 제 두 손은 다시 운동장에 떨어진 낙엽으로 향합니다. 하늘을 향해! 낙엽을 던지고, 주무관님을 향해! 마음을 줍습니다.

아름다운 사진, 깨끗한 운동장이 남았습니다. 낙엽은 사진 속 하늘위에 남아 있고, 운동장엔 서로를 위한 마음만이 남았습니다.

✦ 13 모든 강물은 바다로 향한다

우리 아이들은 못 하는 게 없습니다. 지역교육청에서 주관하는 학교폭력예방 공모전에 영상을 출품하여 '최우수상'을 수상하였습니다. 거기다 무려 20만 원의 문화상품권을 상금으로 받았지요.

올해 추진한 '연극 만들기 프로젝트(수호천사)', '그림책 만들기 프로젝트(새로운 이야기)', '1.2.3밴드 활동(두나의 피아노, 다인·상보의 기타, 하연·우준·준혁의 우쿨렐레)', 그리고 무엇보다도 '친구를 사랑하는 마음'이 한데 모여 멋진 영상을 완성하였답니다.

아이들과 일 년간 함께한 '1.2.3밴드 활동'은 요즘 유행하는 가수 이무진의 '신호등'을 직접 편곡·개사·연주할 수 있게 했고, '그림책 만들기 프로젝트 활동'은 '우정'의 가치를 주제로 한 학교폭력과 관련된 이야기를 스스로 창작할 수 있게 했으며, '연극 만들기 프로젝트 활동'은 생생하고 실감 나는 연기력과 연출력을 맘껏 뽐낼 수 있게 했습니다. 마지막으로 실제 아이들 마음속에 자리 잡은 '친구의 소중함과 존중감'은 이 모든 것을 실현 가능하게 해 주었답니다.

'모든 강물을 바다로 향한다.'

성실히, 꾸준히 임한 '배움의 물길' 하나하나는 더 큰 '배움의 강'으로 자연스레 흘러가게 되고, 이는 결국 더 넓은 '배움의 바다'로 향하고 있음을 아이들의 삶을 통해 배우게 됩니다. 제 가르침의 강물도 바다로 향하고 있음을 굳게 믿게 되는 순간이었습니다.

　우리의 배움과 우리의 마음이 한데 모여 정보의 바다(인터넷)로 흘러
간 '친구야, 미안~ 학교폭력 신호등' 영상을 독자 여러분과 공유합니다.

'친구야, 미안~!' 학교폭력 신호등 영상

교실 속 숨은 보물찾기

'너의 그 한 마디 말도 그 웃음도 나에겐 커다란 의미'

우리 반 아이들과 함께했던 1.2.3밴드의 첫 연주작품 '너의 의미'란 곡의 첫 소절입니다.

저에게 올해는 '삶'과 '작품'이 일치되는 감동스러운 한 해였습니다. 아이의 '사소한 말 한마디', 아이의 '수줍은 미소 하나'도 저에겐 너무나도 커다란 '삶'의 의미로 다가왔습니다. 아이들의 삶 그 자체를 바라보는 것만으로도 저에게 너무나도 소중한 '작품'이 되었습니다. 14년 차 교사이지만 처음인 듯 아이들을 유심히, 마음 담아 바라보며 빛이 나는 아이들의 삶을 함께 나누었던 시간들. 그 무엇과도 바꿀 수 없는 귀중한 '보물'이 되었습니다.

그리고 더욱 감사하게도 제가 아이들에게, 학부모님들께 진심을 다해 건넨 시간은 저에게 더 큰 진심이 되어 이렇게 귀한 선물로 돌아왔습니다.

아이들이 나에게 보내준 선물

🎁 '제 마음을 알아주시는 선생님이 한 분 계셔서 참 좋고, 감사해요.'

🎁 '좀 더 일찍 선생님을 만났으면 얼마나 좋았을까 생각했어요.'

🎁 '선생님을 만나면서 뭔가 큰 자신감을 얻고 여러 활동들에 용기내어 볼 수 있었어요.'

🎁 '무서워하지 말고 더 가깝게, 친하게 선생님에게 다가가고 싶어졌어요.'

🎁 '그동안 마음에 담아둔 말을 선생님에게 할 수 있다니 정말 시원 했어요.'

부모님들께서 저에게 보내주신 선물

🎁 '선생님께서 보내주시는 칭찬 문자를 가족 단체 채팅방에 공유하고 읽으며 그날만큼은 가족 모두가 아이를 칭찬해주는 저녁 시간이 되고 있네요. 참 감사해요.'

🎁 '매주 ○요일마다 오는 칭찬 문자를 받으면서 집에서는 알지 못하는 우리 아이를 많이 알게 되어 기쁘고 저 또한 많이 배우고 느끼는 시간입니다.'

🎁 '우리 아이가 학교생활을 어떻게 하고 있는지 눈에 그려지네요. 다음 주엔 어떤 칭찬이 들려올지 기대가 되네요.'

🎁 '선생님께서 보내주시는 글들이 저에겐 비타민입니다! 밉게 보면 밉지 않은 꽃이 없고, 예쁘게 보면 또 예쁘지 않은 꽃이 없지요. 선생님 시선이 사랑스럽기 때문에 아이들이 이쁘고 사랑스럽겠지요. 항상 감사드립니다.'

🎁 '쌤, 항상 따뜻하게 우리 아이들 살펴봐 주셔서 제가 항상 감사한 거 아시죠? 매주 ○요일은 힐링이 되는 시간이네요.'

돌이켜보고 또 돌이켜봐도 참 감사하고 뭉클합니다. 별처럼 빛나는 '너의 의미'를 찾은 시간은 어느새 이 교실에 존재하는 '나의 의미'가 되었고, 마침내 아이와 학부모와 교사가 함께 성장하게 되는 '우리의 의미'가 되었습니다.

일 년 동안 '아이들의 숨은 보물'을 찾아 서로가 함께 나누었던 '아이 콘택트(Kid Contact)'의 순간들. 그 어느 때보다도 의미 있는 시간이었습니다.

내년 새로운 교실에서 만날 보석 같은 아이들이 또 가슴 설레게 기다려집니다.